商业小趋势
FUTURE TRENDS
A GUIDE TO DECISION MAKING AND
LEADERSHIP IN BUSINESS

[美] 劳伦斯·R.塞缪尔（Lawrence R. Samuel） 著

于艳玲 译

中信出版集团 | 北京

图书在版编目（CIP）数据

商业小趋势 /（美）劳伦斯·R. 塞缪尔著；于艳玲译. -- 北京：中信出版社，2022.10
书名原文：Future Trends: A Guide to Decision Making and Leadership in Business
ISBN 978-7-5217-4623-5

Ⅰ.①商… Ⅱ.①劳… ②于… Ⅲ.①商业经营－经营决策 Ⅳ.① F715.1

中国版本图书馆 CIP 数据核字 (2022) 第 155887 号

Future Trends: A Guide to Decision Making and Leadership in Business by Lawrence R. Samuel
Published by agreement with the Rowman & Littlefield Publishing Group through the Chinese Connection Agency, a division of The Yao Enterprises,LLC.
Simplified Chinese translation copyright©2022 by CITIC Press Corporation
ALL RIGHTS RESERVED
本书仅限于中国大陆地区发行销售

商业小趋势

著者：[美] 劳伦斯·R. 塞缪尔
译者：于艳玲
出版发行：中信出版集团股份有限公司
（北京市朝阳区惠新东街甲 4 号富盛大厦 2 座　邮编　100029）
承印者：北京诚信伟业印刷有限公司

开本：880mm×1230mm 1/32　　印张：9　　字数：156 千字
版次：2022 年 10 月第 1 版　　印次：2022 年 10 月第 1 次印刷
京权图字：01–2019–7901　　书号：ISBN 978-7-5217-4623-5
定价：69.00 元

版权所有·侵权必究
如有印刷、装订问题，本公司负责调换。
服务热线：400–600–8099
投稿邮箱：author@citicpub.com

目录

前　言 _ III

第 1 章　文化趋势 _001
重新界定我们作为物种的身份
以及我们未来可能的走向

第 2 章　经济趋势 _043
赢家将是那些既能掌控全局
又能关注细节的人

第 3 章　战略趋势 _087
在不可避免的混乱
和动荡中共生发展

第 4 章　社会趋势 _129
神秘的双向力量
与新消费文化

第 5 章　科学趋势 _173
开发生命的潜在价值

第 6 章　科技趋势 _215
虚拟、量子与新算力时代

注　释 _257

前言

欢迎来到未来，或者至少是一个大致的未来。本书旨在帮助你在正确的时间、正确的地点做出正确的决定。本书阐述了60种全球性长期趋势，详细介绍了商务人士该如何通过短时和长期思维来利用这些趋势，旨在形成一个强大而实用的知识体系。本书的主要目标是帮助读者成为各自领域的思想领袖。商界极力追求思想领导力（发表有见识的观点，展示特定主题的专业知识，并担任行业变革的推动者），这是不言而喻的，本书也将充分利用这一点。我认为，对未来的洞察力是思想领导力的最终形式，这足以证明本书是对人有所助益的资源。简言之，从本书中，你将获得市面上流行的新词语、新术语，并知道如何将这些会话技巧应用到特定业务或工作中。我的主张是：掌控自己的未来，你将极有可能成为所在领域备受信赖的消息人士和专业人士。

本书分为六个部分：文化趋势、经济趋势、战略趋势、社会趋势、科学趋势和科技趋势。每个部分都包含10个主题，它们指引着世界的发展方向。许多未来主义者注重技术而忽视了一个事实，那就是在实际生活中生活方式受许多因素影响。因此，本书对未来进行了360度全方位观察，让读者更全面地了解未来几十年的生活。本书并没有追求特定目标（未来主义的另一个共同特征），而是由与商务人士最相关，且对他们最具意义的趋势精心整理而成。

但我认为，本书最大的亮点是对"60种未来趋势"的解读。商务人士通常需要耗费巨大的时间和成本来开发决策与领导力平台，然后着手进行另一轮计划，从而将该平台付诸实践。本书列举了一系列相关影响和机遇，展示了每种未来趋势何以能作为战略思考的基础，以及在实际商务场景中这些平台是如何被运用的。将未来转化为有意义、确切的概念是前瞻性决策和领导力的关键。读者应该将自己的行业、产品、服务以及品牌动态套入这一公式。对特定行业而言，这最后一步是生成可操作可实施方案的最佳办法。

至关重要的是，本书专注于长远考虑，避免了大多数趋势主题图书的主要问题：过时。本书避开了那些构成新兴文化景观转瞬即逝的事物和体验。书中并未提及"什么潮"或"什么土",这种短时思维与可持续的决策和领导力毫不相干。同时,本书的全球视角避免了大多数商业类文献中的美国色彩,并且以现实为基础,比未来主义提出的荒诞猜想更具实用性。要在正确的时间、正确的地点提出正确的想法,比以往任何时候都更需要对全球未来一二十年可能发生的事有更深刻的见解,这就是本书的价值所在。正如你将看到的,接下来的阐述会将大多数未来趋势置于历史背景下,历史背景是非常有用的工具,优秀的未来主义者在扩展轨迹时都会使用。

最后,本书避免过时的另一种方式是关注趋势的源头而非其本身。许多人,包括管理人员,都认为趋势是最新、最潮、最酷的,而事实上,趋势与时尚、发型、乐队或时下流行的饮料几乎没有关系。(如果某件事"现在正在流行",那么我们可以确定它不是真正的趋势。)真正的趋势(对不断上升的社会价值的特殊表达或声音,也就是说,声望、地位、价值、权力的上升)能够揭示社会的开创性模式或主流,告诉我们社会前进的方向和渴望达成的目标。所以,"未来趋势"不是"为了趋势而趋势",而是解析或解码书中所包含的60种趋势的基本特征或基本要素。其结果是,读者可以在未来几年的决策和领导过程中运用更加有用和相关的工作体系。

德国数学家、哲学家戈特弗里德·莱布尼茨曾在1703年写道:"当下的每一刻都与未来息息相关。"这解释了为什么我们大多数人,特别是商务人士,对未来可能发生的事如此感兴趣。一直以来,未来(即尚未到来)总被认为是高消费的文化项目,承载着重要的意义,这已不是什么新闻了。戴维·雷姆尼克在1997年解释说,未来由"我们自己讲述的故事组成,这些故事让我们自己感到惊奇,给绝望的人带来希望,让自满的人惊慌",这意味着思考明天确实符合当今的需求。雷姆尼克继续说,未来确实"总是与现在息息相关",这是对"我们所惑、所求、所怕之事"的宣泄。[1] 同样,戴维·A.威尔逊在他的《未来的历史》中指出,"预言和预测很少甚至完全没有告诉我们即将发生的事情",而是"告诉我们某些人的恐惧、希望、愿望、状况,是这些人展望自己的未来并想象未来的场景"。[2]

然而,不仅如此,未来主义(致力于预测未来的实践)通常善于造势,号称无论何时、无论何地、无论如何人类都可以预测。正如常言所说,历史"是由胜利者书写的",官方版本的未来也有自己专门的议程,议程有时还被作为一种政治手段。由于有很多(实际上是无限多)未来可供选择,因此,预测通常不是一种随机操作,更多是试图将特定情况变为现实。

虽然未来和未来主义两者是相互联系和相互依存的关系，但也可以朝着不同的方向发展，实际上，这两个概念常常有着相反的关系。对未来的积极看法并不意味着未来主义的积极状态，换句话说，未来主义在未来最黑暗的日子里享受了一些最好的时光。对未来的担忧和恐惧毫不意外地激发了对未来主义的更大需求，这就是未来主义在经济萧条的20世纪30年代、偏执的20世纪50年代和自我厌恶的20世纪70年代大受欢迎的原因。

然而，正是未来纯粹的不可知性，才让它成为我们想象中和日常生活中如此强大的力量。1992年，威廉·亨利三世问道："除了未来，还有哪两个字能激起更多的希望，激起更多的梦想和憧憬？"未来的无限可能是这两个字所引起的本能反应的核心。[3] 我们对未来普遍感兴趣（无论是在日报上阅读星座运势，看当地新闻的天气预报，押注一场球赛，还是订阅关于股票市场动向的内幕消息），这反映了我们都渴望了解不可知事物，以便预测甚至更好地控制它。托马斯·格里菲斯在1979年注意到，"现代人本能地想知道接下来将要发生的事情"，我们所有人都在一个潜在的未来市场中竞争。[4] 任何物种的生存实际上都意味着对未来的信心大增，因为未来这一概念根植于创世。斯蒂芬·坎费尔在1976年写道："每个花园和孩子都是对未来的坚定信念。"生命的起源根植于对未来的信念。[5]

戴维·雷耶斯基和罗伯特·L.奥尔森在2006年简洁地指出,"作为人类,需要思考未来",正因如此,真正了解接下来会发生什么当然是不可能的。[6]像格特鲁德·斯坦心中的奥克兰一样,当谈到未来时,并不存在"就是那里"这个地方,因为当你到达最后一个地平线时,一个新的地平线总会出现。不过,正是这种固有的难以捉摸和短暂的特点使未来主义如此引人注目,这与凝视潘多拉盒子以查看里面可能有哪些禁忌物品的想法并无不同。刘易斯·拉帕姆在1979年沉思说:"它(未来)比过去所能想象的更富创意、更美丽、更奇特。"25年后,詹姆斯·波涅沃兹克也支持了这一观点:"没有什么比我们想象中的下一件大事更耀眼、更美丽了。"[7]纳西姆·尼古拉斯·塔勒布在2007年出版的《黑天鹅》一书中指出,世界上的重大事件在很大程度上是由不可预测的因素(疯狂、天才、随机)造成的,这一点令人信服。试图了解未来,是我们最有力的想象。[8]

不止一个江湖骗子摆出一副未来学家的腔调,他们为了赚钱,只关注人们想听(或不想听)的话。这不仅注定要失败,而且对人们没有任何助益。无论是拥有所谓特殊能力的人（预言者、水晶球占卜者、透视者、手相占卜者、解梦者、占星者，偶尔还有女巫），还是袖子里藏着大量"数据"的专业未来学家，这个领域始终让人觉得可疑，有人则认为整个行业都是江湖骗术。乔治·F.梅克林在1983年抱怨道："要谈论历史，必须掌握事实，但是，要谈论未来，只要说自己从事研究工作就可以了。"这是怀疑者典型的观点。[9] 十几年后，戴维·布奇耶断言："财务顾问、智囊团、民意调查、市场研究人员、美联储和美国中央情报局（CIA）都热衷于误读未来，并因此付出大量成本。"他认为："只有母亲才真正知道未来。""但是，世界并不关心母亲。"布奇耶抱怨道，"世界希望从一个真正的、留着长长的白胡须的先知那里听到坏消息。"[10]

即使是一些真正的先知，那些留着长长的白胡须的人也会对自己的职业选择感到后悔，认为做"实际的"工作可能会更好。20世纪60年代中期，艾萨克·阿西莫夫正值事业巅峰期，他问道："我是如何进入预测行业的？"他坚信："预测未来是一项令人绝望的、吃力不讨好的任务，一开始就被人奚落，常常以被嘲笑告终。"[11] 尽管阿西莫夫的观点是合理的，但他实际上高估了公众（尤其是美国公众）回头检验预测者是对还是错的态度。尽管批评家的的确确对未来学家不够尊重，但有时他们也能得到应得的赞誉。列夫·格罗斯曼曾在2004年这样想："我们迫切需要先知，哪怕是假的先知，来帮助我们将无限可能的未来缩小为一个或至少是可控的少数几个。"这是一种令人耳目一新的体验。格罗斯曼继续说："他们是我们的侦察兵，潜入未被发现的国家，偷偷越过边境，带回无价的未来世界的侦察地图。"这是对未来主义者一种极为罕见的赞赏。[12]

围绕未来主义者和这一领域本身的矛盾情绪反映了这样一个事实，即它的历史是两极分化的，而明天的世界通常是以乌托邦或反乌托邦的语言和意象来构想的。如果世界不是一个卢梭式的和平王国，那么在那里我们所有人终将过上幸福快乐的生活，而未来常常是一个即将发生灾难的地方，或者就像经常发生的那样，它是一个人将被极权主义政权压在脚下的地方。未来既让我们有机会发泄最糟糕的恐惧，又让我们有机会相信最大的希望，其中最深刻的希望就是，我们死后还会活着。来世的概念是许多宗教的核心，它是最纯粹的未来主义，人们并不认为未来会因为下一个伟大而变得更好，或是因为外星人入侵而变得更糟，而是认为明天是一个拥有自己规则的另一个宇宙。未来主义总是带有一种神秘感，这种了解未知的能力仅限于那些拥有特殊能力、有时甚至是邪恶力量的人。几个世纪前，先知在某种程度上被认为是神以某种神圣的方式选出的；对某些具有遗传倾向的家庭成员来说，这种奇怪的艺术是司空见惯的。[13]

在科幻小说中，人们最容易看到未来主义不寻常的一面，而科幻小说是20世纪扭曲的明天的主要发源地。科幻小说行业的标准工具已成为未来主义最熟悉的推论，这不仅是一种娱乐消遣，也是一个安全地遏制我们想象中最黑暗一面的方式。疯狂的科学家、优等民族、变异、野蛮的行为和离身的头颅只是未来的几个场景，其中大多数这类故事都不及你在一周里所看的恐怖电影有意义。然而，反乌托邦的先祖是那些比我们更智能或更强大的机器，这反映了人们在现实生活中对技术运行的恐惧（根据当前一些未来学家的观点，这种恐惧是合理的）。因此，机器人或人工智能在未来主义中是一个无处不在的形象也就不足为奇了，它既吸引着我们追求完美，也承认我们可能会受到威胁，失去人之所以为人的本质。

然而，毫无疑问，未来主义的难题，就是我们与科学技术之间反复无常的关系。实际上，自文艺复兴以来，科学技术已经主导了我们对明天的憧憬，正如一位20世纪中叶的未来学家所言，我们的共同梦想是去从未有人去过的地方。当然，飞行器一直是未来主义的主旋律，尽管当时许多科学界的人理智地认为，飞行器永远不会飞离地面（即使是千年天才达·芬奇也未能真正预料到内燃机的出现）。时间机器在关于未来的故事中也很常见,大多数人也认为时间机器会违背物理宇宙的定律(直到最近,根据一些弦理论学家的观点,时光旅行,至少向后倒退有可能成真)。[14]

但是,总的来说,技术实际发展的速度总是能超过那些展望未来的人的预期,因为总会有一项无法预料的新发现使这种量的飞跃成为可能。举例来说,赫伯特·乔治·威尔斯在1898年的《觉醒者》中抓住了一些即将出现的技术——收音机、电影、空调——但低估了其在40年左右就会出现的速度,而不是他预计的200年。[15] 英国"另类历史"小说家哈里·哈里森曾认为,他在自己的"科学浪漫故事"中创造了几乎所有的科幻题材,而这距离人类登上月球已经过去近一个世纪,这或许与20世纪未来学家对信息技术快速发展视而不见的情形类似。[16] 然而,未来主义者未能预见重大的社会变革,尤其是20世纪的女权运动和民权运动,导致这一领域的声誉遭到了前所未有的破坏,这比夸大技术成就还要糟糕。预测技术进步而非社会进步的倾向一直是并将继续是未来主义的致命弱点,比起文化海啸,接下来要出现的小玩意、小发明更容易被预见。正如阿诺德·汤因比指出的,引起历史上最大变革的是思想,而不是技术,这是更多未来主义者可以而且应该铭记于心的事情。

你现在肯定意识到，这是一本与众不同的商业书。大多数商业书都是关于商业的，我认为这是错误的做法。经商通常是比较容易的部分，毕竟，商人都是靠经商谋生的。在这个公式中，更具挑战性的部分是确定自己的业务在当前和新兴的文化环境中所处的位置，以及确定下一步的发展方向。通过案例研究的方法，从成功（和失败）的故事中学习固然很好，但用这种方法来观察品牌、用户，尤其是未来，未免过于狭隘。如果一个人的使命是为自己的企业注入创新和灵感（这应该是），那么他不应该只盯着其他公司正在做或不去做的事情。实际上，最成功的公司，不是看其他公司在做什么，而是看自己根据新兴趋势应该做什么。

基于以上内容，我写这本书的一个重要原因是，把我作为领先趋势顾问的多年经验传授给《财富》500强公司和大型广告公司。自1990年以来，我一直通过文化来洞察用户，旨在为传统的（定量和定性）营销研究做补充，这是一种方法论，以市场需要新的、不同种类的研究工具这一想法为基础。我认为，真正重要的是人们做什么，而非人们说什么、想什么，又或者说出他们想什么（这是以态度为基础、以观点为导向的传统市场研究的重点）。因此，我们应该采用人类学的方法。我坚信，这类研究正是了解当今和未来的用户所需要的，更多商务人士也意识到这一点。当我的竞争对手领导其攻关小组进行调查时，我着眼于用户行为的"书面记录"，以寻找创新的、文化上同步的营销机会。通过充分了解用户当下和未来的行为，我的方法揭示了用户的"激情点"，这是创造引人注目的产品、服务和交流的关键。

使用本书的最佳方法是在你的品牌、公司、领域和行业背景下考虑这60种未来趋势。我仅用一个词来描述每个未来趋势，有意识地尝试避免在趋势和未来主义领域中常见的行话。请对那些重叠的未来趋势多加留意（例如，微品牌和草根），这表明那里有特别肥沃的土地有待开发。不要为未来趋势中看似矛盾或自相矛盾的组合感到烦恼（例如，模拟与自动化，或者个体性与联系性），因为各种趋势经常并存。在每章的最后，我都会通过决策与领导力平台，向大家说明如何将信息转化为可行的想法。你可以根据自己的企业使命、公司资产、品牌权益和营销计划，把其当作创建自己的新业务、战略规划、新产品、定位、广告、促销和公关关系的素材。最后，再次欢迎来到未来！

第1章

文化趋势

重新界定我们作为物种的身份
以及我们未来可能的走向

该从哪里开始描述未来呢？首先，鸟瞰世界各地的新想法、新行为，然后，放眼未来所能触及的方方面面。文化趋势是最重要的里程碑，在开始探索更为详细的未来之前，我们可以在文化趋势中找到最合乎逻辑的方向。文化趋势在任何时候都是全球价值观最广泛、最深刻的指标，指引着未来经济、政治、社会、科学技术的发展。换句话说，文化趋势是重大事件的大标签（和元标签），界定我们作为物种的身份以及我们未来可能的走向。个人主义、智慧崇拜、性别中立、处方汇编，这些不断变化的全球文化趋势预示着未来的发展。对所有领导者来说，学习如何读懂、解释、利用这些变化中蕴含的信息至关重要。

那么，鸟瞰之后有何领悟呢？首先，这是生命个体存活在这个世上的大好时机。让一个人实现其全部潜力，这是最好的时机。这很奇妙，毕竟在过去几千年里，自我压抑与压迫才是常态。正如第 3 章煞费苦心地告诉我们的那样，这个世界可能会变得越发不同寻常。但是个人在地球上生存的时间很短，要明确或实现自己想要的一切，眼下就是最好的时机。瓦解强权对普通民众的严厉限制是一个漫长的进程，它早在 18 世纪的革命时期就已开始，如今仍在继续。在生活中，能够自己做决定可能被视为理所当然，但不能被低估；现在，我们可以无视少数强权的指令，我们才刚刚尝到甜头。

21 世纪初的生活很轻松吗？其实不然。我们拥有更大的自主权、自治权，却付出了沉重的代价——承受着独自行动并最终决定自己命运的压力。出人头地越来越成为个人义不容辞的责任，但因为有 75 亿人和我们竞争，所以这并不容易。新老板与旧老板截然不同，这种如地表板块移动般的巨变给试图在全球经济中找到一席之地的个人和公司带来了巨大的影响。另外，快节奏与压力已成为时代的主要标志，生活在下一个千年的情感成本将大大增加。

然而，人们一如既往地适应其所处的文化环境。许多人正在寻找新方法来减轻工作量，并以此追求更好的生活质量。舍弃多余，减少日常开销，是时代愈加贫乏吝啬的显著特征，这给商界带来了巨大的挑战和机遇。指数级的变化（具有讽刺意味)让当下的人们处于紧迫状态,这对营销人员来说也非常重要。用户不再问:"它对我有什么帮助?"而是问:"它现在对我有什么帮助?"——营销经理最好能回答这个问题。用户的需求和期望在提高,他们能在一瞬间改变想法、身体甚至精神。用户在混杂的后现代中寻找身份,并几乎处在不断的变化中,不断移动,难以被瞄准,更别说被说服了。毋庸置疑,以下 10 种文化趋势表明,未来对所有类型的企业而言都是一个有趣的时代。

未来趋势 1:个人主义

近半个世纪前,"自我一代"曾以关注自我登上头条,如今,个人主义正在成为 21 世纪的中心主题之一。在享乐主义和治疗主义盛行的 20 世纪 70 年代,婴儿潮一代确实是享乐的第一代,但如今,个人主义(为个人利益而非为有组织的团体或政府的利益做出行动)可以说是当今时代的指导原则。从历史的角度看,个人主义观念和实践是一个激进的概念,我们有必要记住这一点。18 世纪的启蒙思想反对教会和国家,在之前的几千年里,教会和国家拥有无所不能的力量,而启蒙思想为个人主义几百年来的不断发展埋下了种子。

如今，所见之处皆有个人主义的表达，这使得"自我一代"的自我显得比较温和。例如，不再有人认为独居奇怪或不寻常，而且不管是在口头还是书面交流中，"我"这个字的使用频率都明显高于过去（"自拍"成为当代个人主义的典范）。[1]个人主义的兴起与人们失去对大型机构的信心和信任并肩而行，而且这种看待世界的方式还没有出现任何逆转的征兆。实际上，有明显的迹象表明，随着全世界人民拒绝外部控制，支持自我主权，个人主义正在演变为全球性运动。杰伊·奥格尔维在网站 stratfor.com 上写道："日复一日，周复一周，年复一年，我们见证了个人自主权缓慢但广泛地发展，对个人判断力的信心也不断增强，这在很大程度上是一件好事。"[2]

在美国，信奉个人主义与政治党派之争衰落、自封无党派人士（其中大部分由共和党人与民主党人之间所谓的巨大分歧造成，但实际上，政治格局更多地取决于公民的个人立场）相对增多有一定的关系。同样，有组织的宗教日渐衰落，专注于探索个性化灵性形式也反映出人们反对权威、肯定自我的倾向。正如莫伊塞斯·纳伊姆在《权力的终结》中论述的那样，许多国家中产阶层崛起、世界流动性增大使得个人主义思潮更为普遍。纳伊姆在书中写道："当生活得更充实时，人们就会更加难以控制。"因此，未来政府权力的削弱和自治的升级很可能会加速。[3]

对商界而言，个人主义胜利意味着长期为企业服务的"大众市场"将退出历史舞台。如果个人主义真的关乎自由与选择，那么将用户或选民视为独特的个体，而非社会构建的群体或任何形式的"市场"中的一员，才符合各类企业的最大利益。总部位于英国的趋势监测公司（Trend Monitor）的精英人士认为："人们日益尊重自立、民主和个人自由，这促成了'唯我至上'的文化，同时催生了一批参与度更高、更自信、更直言不讳的用户，迫使公司和品牌重新评估其与用户建立的关系和互动方式。"[4] 产品与服务个性化是利用个人主义最显而易见的战略方法，但是，简单地将人视为人，也有助于我们利用第一个未来趋势。

未来趋势1：个人主义
决策与领导力平台

含义

个人主义思潮在世界范围内持续高涨。

- 个人主义在发达国家变得越来越极端，并在发展中国家扎根生长。

千禧一代对个人主义的热情远远超过婴儿潮一代。
- 千禧一代是在"自我肯定"、"与众不同"和"做你自己"这样的价值观中成长起来的。

大型机构衰败和个人主义增强有直接关系。
- 几个世纪以来，权威已从官方转移到非官方。

个人主义的发展通常是积极的。
- 个人主义体现了自主权的启蒙思想。

过度的个人主义正导致"我是世界中心"的态度。
- "唯我至上"文化是自私、自我和自恋的温床。

个人主义不断发展的浪潮对各种企业而言既是挑战也是机遇。
- 建立人际关系愈加困难，但一旦成功，就会带来更大的回报。

商机

迎合日益高涨的个人主义。
- 人们要求获得他们不可剥夺的独立思考和独立行动的权利。

将产品或服务作为展示个人主义的载体。
- 一种可以增强独特感的事物或体验。

用至高无上的自我力量去包装公司或品牌。
- 各地的人们终于战胜了教会和国家的历史霸权。

以大型官僚机构为陪衬，支持个人主义思潮。
- 苹果公司的"1984"广告仍然是反权威、支持自我决定的最好体现。

利用共同愿望来实现我们的全部潜力。
- "尽你所能。"

为用户提供定制的机会。
- 个性化或定制化公司可交付的产品。

未来趋势2：世俗化

新闻资讯网站 onenewsnow.com 报道："对全球趋势的最新研究表明，宗教信仰正在衰落。"它还补充说："信奉无上帝世俗信仰体系的人正在增加。"[5] 最近的各种研究也表明，世俗主义（从字面上看，宗教和政府分离）正在扩散，这也得益于教派和国家的衰落。随着越来越多的人失去宗教信仰，世界各地的教堂逐渐被关闭，取而代之的是基于人文主义价值观的道德指南（人文主义是一种哲学，不包含神圣的实体或超自然的信仰，而是赋予人们以道德生活为己任的责任）[6]。因此，无神论和不可知论在不断发展，在一些国家里（尤其是在英国和挪威），不信教者甚至多于信教者。[7]

即使是美国这样一个虔诚的宗教国家，也有越来越多的公民将世俗的人文主义作为最佳的宗教信条。约有 80% 的美国人一直声称自己是某宗教的信徒，但是由于世代效应，这一数字正在逐渐下降。[8] 婴儿潮一代的宗教信仰（但更多是精神上的）比号称"最伟大的一代"即他们的父母要弱得多，千禧一代表现出沿袭这种模式的迹象。随着年老教徒相继离世，礼拜堂的座位很难被坐满，眼前也没有大的觉醒来扭转这种趋势。实际上，现在无神论者和不可知论者越来越多地聚集在网上或各种活动中，与志趣相投的人分享他们的信仰（或无信仰）。对非宗教人士来说，在一个以基督教为主的群体中成长可能很艰难，但是在美国和其他地区，这种情况正在迅速改变。[9]

然而，在世界的另一些地区，诸如撒哈拉以南的非洲，宗教（具体来说是基督教）正在发展壮大，不过这只是一个例外，不是常规现象。由于反政府的情绪，拥有国教的国家世俗化程度也在上升。在西方，许多人开始把宗教看作一个整体，认为它比其他任何东西都更成问题。金融安全和教育都与世俗化联系在一起，因此，在中产阶层日益壮大的发展中国家，宗教日渐衰落就不足为奇了。职场中女性人数在增加，越来越多的家庭少子化，这也与宗教价值观的衰落有关。另外，全球人口老龄化也可能是一个诱因。互联网也让人们接触到不同形式的精神世界，并让非信徒与外界建立了联系，从而促进了世俗化。[10]

尽管世界上穆斯林人数在增长（皮尤研究中心估计，将从

2010年占全球人口的约23%增长到2050年的30%左右），但这无法证明未来传统宗教将在大多数人的生活中发挥更大的作用。[11] 实际上，从文艺复兴时期开始，世俗人文主义哲学就已经传遍了世界的大部分地区，结果是，相较于宗教，人们对科学的前途更有信心。[12]（杰里·A.科因在2015年的《信仰与事实》一书中写道："因为获取有关现实知识的方法不同，科学与宗教是不相容的。"[13]）从长远看，官方的宗教形式，正如俗话所说，"位于历史的错误一边"，而人文主义将在21世纪进一步推动世俗化。

未来趋势2：世俗化
决策与领导力平台

含义

在过去的半个世纪里，宗教一直在衰落。
- 整个世界变得越来越世俗化。

科学和技术正在压倒一切超自然现象。
- 有形有用的高于神奇神秘的。

以对自己的行为负责为基础，这种人文主义价值观正在取代对至上存在的信仰。

- 信赖是一套由个人定义、基于对现实世界的个人道德规范，而不是对未知事物的信念的突然崇拜。

冲突并不影响世俗化的扩张。
- 世俗化是由一系列关键的经济、社会、政治因素促成的。

世俗化与对制度权威的排斥增大有关。
- 个人主义和自治的另一种表达。

商机

将人文价值融入企业章程。
- 很难去反驳那些已经决定对自己的道德生活做出个人承诺的人。

欢庆世俗化成为人们生活中的一股解放力量。
- 信仰自由在世界许多地方是相对新鲜的事物。

利用世俗主义的本质即反威权主义进行交易。
- 鼓励抵抗官方形式的权力和控制。

将自上而下的霸权制度形式视为与人文主义相反和对立。
- 该制度形式作为一个共同的敌人，让不同背景的人们更加团结一致。

使千禧一代崇尚世俗主义。
- 这代人成长于教会和国家迅速衰落的时代。

在企业沟通和信息传递中坚守事实。
- 相较于未知事物，更信任已知事物。

未来趋势3：加速

你是否注意到，时间似乎在不断加快？你不是唯一一个有这种感觉的人。当然，技术不断发展与感觉生活越来越快有关，因为每隔几年就会出现一种新设备，它使我们能够更快、更高效地完成工作。越来越多的实时服务、直播的娱乐节目和24/7（每周7天，每天24小时）随时随地、随心所欲的访问权限也让我们感觉到，即使没有人修改我们的时钟或日历，一天中的小时数也好像比以前少了。造成时间加速感的另一个主要因素是，新技术的采用率提高了。大多数人花了几十年的时间才拥有电话和收音机，但在短短几年内，就有数亿用户登录脸书，因此我们没有理由认为这种现象将来会发生逆转。麦肯锡公司认为："近年来，创新迅速增长传播，有望以超出人类直觉的预测能力的指数级速度变化和发展。"[14]

虽然技术创新是它加速的主要引擎，但在日常生活的其他领域，加速（速度的提高，特别是进步的速度）很容易被察觉。正如本·富兰克林的名言所写：时间就是金钱。这句话似乎比以往任何时候都更真实地反映了我们的工作方式。与过去的时代相比，政治已经变成旋转门和人气竞赛，世界上许多城市（即使不是大多数）都处于不断更新的状态。或许最能说明问题的，是我们获取和处理事物的速度（消费主义的循环）已经加快了，这是下一个重大事件不断出现的结果。[15]

该领域的专业人士认为，加速不仅会带来生命正在飞速流逝的焦虑感，从事全球变化研究的组织国际地圈生物圈计划（IGBP）的研究还发现，在过去的两个世纪里，"人类事业"确实在社会、经济和环境方面经历了"戏剧性的加速"。根据国际地圈生物圈计划的说法，情况在20世纪50年代确实有过好转，当时有些人甚至提出地球在那10年进入了一个新时代。生产量和消费量的规模以及它们对环境的影响，在该组织所称的"大加速"时期迅速升级，而我们仍然生活在这一时期。[16]

然而，对加速主义者来说，已经快得令人眼花缭乱的世界节奏还不够。加速主义曾是一种源自反文化科幻小说的边缘哲学，它认为技术和全球资本主义都应该尽可能加速发展，以促进人类进步。加速主义作为一个不断发展的运动，它与许多未来趋势（自动化、超人类主义、自由化和反政治）是一致的，并且基于这样的假设前提，即既然变化是不可避免的，那就应该积极地追求它。正如安迪·贝克特在《卫报》的网站guardian.com上描述的那样，"因此，加速主义与保守主义、传统社会主义、社会民主、环境保护主义、保护主义、民粹主义、民族主义、地方主义和其他所有意识形态都背道而驰，而这些不同于加速主义的意识形态都试图缓和或扭转现代世界已经极具破坏性、看似失控的变革步伐"。[17] 在某种程度上，作为艾恩·兰德客观主义的极端版本，加速主义将技术驱动的资本主义视为21世纪的天命，并会对未来产生重大影响。

未来趋势3：加速
决策与领导力平台

含义

世界正在高效加速。
- 自工业革命以来，尤其是战后，人们的生活节奏不断加快。

技术创新呈指数级增长，信息时代正在加速。
- 数字设备使我们事半功倍。

我们的"眼下"和"按需"的社会也使时间显得更宝贵。
- 人们更期望即时尽快获得事物与体验。

过期与过时也是时间减少的因素。
- 新的和升级换代的产品和服务更新速度加快，消费周期正在缩短。

加速与自由放任的资本主义不断扩张及政府衰落有关。
- 自由市场的发展几乎不受限制。

加速也导致一系列心理疾病。
- 这些心理疾病包括焦虑、压力、失眠和文化性眩晕。

商机

不加速发展，就会落后。
- 人们现在就想要某些东西，而不是以后想要。

通过节省时间来取悦用户。
- 时间是最有价值的货币形式。

越来越多的产品或服务将帮助那些匆忙的人进一步加快生活节奏。
- 用更少的时间做更多的事情是加速主义论者最大的卖点。

以新颖、创新的方式包装时间。
- 提供允许客户做自己喜欢的事情的服务。

通过为用户提供减慢速度的方法抵制加速。
- 生命是一个关乎质量与数量的关系问题。

通过"未来趋势20"（模拟）破坏加速。
- 提供非数字化的产品和体验，在不稳定的世界中提供一种稳定感。

未来趋势4：少即是多

罗伯特·勃朗宁在1855年创作的诗《安德烈·德尔·萨托》中写道："啊！少即是多，卢克雷齐娅。"其余的，如他们所说，都是历史。[18] 建筑师兼设计师路德维希·密斯·凡德罗引用并开始践行这句诗,大约一个世纪之后,一种以简洁和明晰为基础的新现代主义风格诞生了。[19] 20世纪90年代,当时相当多的美国人开始厌倦对"更多"和"更好"的持续追求,他们产生了这个激进的想法:少即是多。20世纪80年代消费主义狂潮过后,"压力"已经成为美国人生活方式的典型特征,这使得一些人从情感的角度怀疑,所有的汽车、度假和高级餐厅的晚餐是否物有所值。这些人得出结论,生活似乎主要与"物质"和待办事项相关,尤其是当他们变成这些物质的奴隶而非其他身份之时。简言之,这些人觉得自己失去了对生活的控制权,因此他们需要改变。这项运动很快被贴上了"主动简朴"的标签,这表明信徒们是自愿选择简单生活而不是被迫的。[20]

如今,"少即是多"已发展成一场世界性运动,它以有意识的极简主义为基础,与社会和环境责任紧密相关。2008年金融危机促使人们学会区分他们的需求和欲望,人们进一步相信,一种更加克制的消费主义实际上可以让他们在精神上得到解放。过去10年,另外两股巨大的力量:绿色运动和或许可以被称为"全球敏感性"的运动正在蓬勃发展,为"少即是多"理念的繁荣创造了理想的文化氛围。[21]

实际上,"少即是多"也是对不堪重负的市场做出的回应。

由于各公司试图抢占并攫取每一小块市场份额，所以在任何给定的产品类别中，选择的数量和种类变得荒谬可笑。（在电影《波拉特》中，有一个波拉特在现代超市奶酪货架巡游的场景，这是消费主义盛行的可笑的证据——也是令人捧腹的证据。）然而，在市场过度细分的过程中，公司置用户于更加艰难的境地，这与公司本该做的背道而驰。例如，高露洁在其网站上列出 47 种不同类型的牙膏（不包括不同大小的牙膏），美国典型的超市则存放了 4.2 万多件商品，几乎是 1975 年的 5 倍。[22] 心理学家巴里·施瓦茨在他 2004 年撰写的《选择的悖论》一书中，阐明了繁何以为简，对营销商而言，限制产品选择才符合其最大利益，这令人信服。[23]

令人高兴的是，现在许多营销人员似乎正在响应用户对简化消费生活的需求。尼尔·豪在福布斯网站 forbes.com 上指出："在一个各式选择多如杂草的时代，简单性成为一个卖点，越来越多的企业削减了产品生产线，或者使其产品更容易比较。"随着千禧一代的收入和消费逐渐达到顶峰，少即是多的营销成为首选营销策略，可见该策略的兴起并不是巧合。对婴儿潮一代来说，当他们在里根时代成为用户时，"更多"绝对是"更多"的。而千禧一代在所有事物上更喜欢有限的选择，因为他们似乎天生就了解"少即是多"的理念，理解施瓦茨在其研究中的发现。豪补充说："千禧一代比其他任何一代都更看重减少库存，这会使生活更轻松。"这为企业提供了一个新的关注点。[24]

未来趋势4：少即是多
决策与领导力平台

含义

简单真的可以创造更多。
- 许多有趣的证据和艰辛深入的研究表明，消费主义扩张可能会压倒一切。

偏爱简单是主动简朴更为全球化和广泛的版本。
- 社会意识和环保主义正在强化"少即是多"的理念。

从追求物质转变到体验至上（未来趋势5）也是在推崇简单质朴的生活。
- 人们越来越认识到，体验比拥有能得到更多回报。

人们强烈反对市场中产品的失控生产。
- 用户正在引导营销人员限制所有既定种类的选择数量。

千禧一代是"少即是多"的主宰者。
- 他们天生具有智慧，明白更少的选择是一件好事。

"少即是多"正在成为发达国家的新常态。

- 新兴国家的中产阶层不断扩大，他们仍然热衷于获取。

商机

为用户提供更少而不是更多的服务。
- 简化品牌组合，从而赢得那些反对过度消费的人青睐。

借用凡德罗的方法进行企业形象和通信交流传播方面的设计。
- 在语气和执行力上做到简洁明了。

"少即是多"是一种高度发展、有社会意识、道德公正的风气，我们应该认同这种风气。
- "少即是多"对个人和整个社会都有好处。

与那些倡导"多多益善"理念的竞争对手展开竞争。
- 过度浪费和奢侈与当下的文化和经济环境不符，难以保持同步。

将"少即是多"定义为过自己想过的生活，无须顾及身份地位。
- 人们越来越多地将生活视为旅途而不是目的地。

在广告中彻底改变上进的想法。
- 追求"下滑"特征的人比过去更快乐。

未来趋势5：体验至上

约瑟夫·派恩和詹姆斯·吉尔摩在其1999年撰写的《体验经济》一书中捕捉到了21世纪最引人注目的消费文化的表达方式。该书现已成为经典著作，它认为，为了在竞争日益激烈的环境中吸引用户的注意力,企业必须使其品牌体验至上。两位作者指出,太多的产品和服务正在涌入"我也一样"的商品世界,因此,公司必须将重点从产品本身转移到产品所提供的体验上,以此增加价值,这一点至关重要。长期以来运作良好的营销模式(销售品牌的特色和优势)已经被其他方式取代,即企业丰富用户生活的营销模式。[25]

约20年后,对世界各地的许多人来说,体验经济会演变成一种生活方式。未来主义者詹姆斯·瓦尔曼写道:"就像物质主义和用户革命改变了20世纪的生活水平一样,我相信体验主义和'体验革命'将会改变21世纪的生活质量。"可以肯定地说,拥有正被体验取代,成为生活中的优先项,人们看待世界的方式以及他们希望在有生之年完成的事情发生了彻底转变。我所说的体验至上的兴起与物质主义的收益减少(即对财产永无止境的追求)有很大关系。同样,绿色运动也为体验至上保驾护航,显而易见的是,永恒追求物质,对个人或社会而言都不是一个可持续的主张。[26]

自《体验经济》出版以来,大量研究表明,追求物质不一定能实现人生幸福。实际上,用于购买和打理物品所需的精力通常是压力的主要来源,这引发了一个很好的问题,即为什么我们中的许多人会为一种获得型生活方式大量投入。[27]然而,

"努力工作就能尽兴玩乐"这样的范式正在逐渐消失,取而代之的是一套将体验(相对于赚钱)放在首位的价值观。除了未来的工作模式,消费主义正在坚定地向体验而不是拥有倾斜。《福布斯》杂志最近向其读者提问:"幸福的秘诀是什么?"读者的答案是:"在体验上花钱,而不是在物质上。"[28]

可以理解的是,千禧一代对体验的重视高于物质,所以他们普遍无所谓有房有车。他们的做法很明智,当许多人因大学贷款而负债累累时尤其如此,这说明租房和旅行能更好地利用有限的资金。[29]实力传播集团的战略洞察总监琳达·谭解释说,千禧一代"珍视有目标的生活,关注建立在他们基于'真实的自我'之上的有意义的体验"。[30]同样,这一代在社交媒体,尤其是照片墙和色拉布上记录日常活动的方式,提供了确凿的证据证明生活本质上是一系列体验。[31]不同年龄使用脸书和其他社交媒体的人,都是在向亲朋好友展示一种(精心编辑过的)生活叙事,但事实上,所有用户都对增加自己所谓的"体验组合"更感兴趣。金钱来了又去,但是记忆(体验的残留物)可以持续一生,这是一种会得到越来越多的人认同的哲学。

未来趋势5：体验至上
决策与领导力平台

含义

对体验的渴望超过了对物质的渴望。
- 人们越来越多地根据体验而非获得来定义生活。

在消费文化中，体验至上意味着范式转换。
- 生活质量更多是一个人体验了什么，而不是拥有什么。

追求物质与积极追求幸福背道而驰。
- 追求物质是短暂的欢欣鼓舞，而不是长期的满足。

环境问题是体验至上的另一个推动因素。
- 无休止的生产和处置周期需要大量资源。

更深层的生存力量也在发挥作用。
- 体验至上的观念越来越盛行，特别是在青年文化中。

现收现付的消费形式在越来越多的产品和服务类别中日益受到欢迎。
- 与拥有昂贵物品相关的债务被视为一种负担。

商机

打造体验至上的品牌。
- 用户愿意花钱在体验而不是拥有上。

思考一下产品或服务如何才能增加用户的"体验组合"。
- 资产越来越多地被视为获得感，而不是占有欲。

体验至上对年轻人而言是一个可持续的主张。
- 乐趣不是一种递减的资源。

将企业定义为幸福的代理人。
- 让人们的生活在某种程度上更加愉悦快乐。

帮助用户发现他们"真实的自我"。
- 企业可以提供哪些有意义的体验来促进这一过程？

将企业视为不仅是体验而且是回忆的营销者。
- 意识是一个人可以记住的东西的集合。

未来趋势6：性别中立

一切始于可可·香奈儿。这位法国时装设计师大约于100年前开始制作服装，她的第一件女士长裤套装是她的性别中立美学的一部分。许多妇女都想从维多利亚时代的装束中解放出来，这一时尚与同时兴起的女权运动相呼应。[32] 此次性别模糊的举动过去半个世纪之后，男女皆宜的服装短暂地成为时尚，这是反主流文化颠覆一切的野心的一部分。这为20世纪70年代的性别中立风格奠定了基础，当时最引人注目的是大卫·鲍伊和皇后乐队等摇滚艺术家。[33]

现在，"Ziggy Stardust"这首歌引领的世界已经过去了半个世纪，性别中立正在被越来越多的人接受和推崇。"本季时尚界正在探索社会建构的性别观念，"莫莉·汉纳利2017年在moodfabrics.com（全球最大面料网购网站）上指出，"设计师正在寻找以崭新和令人兴奋的方式推动性别认同。"[34]他们收藏了几位最著名设计师的系列作品，包括男模穿的连衣裙，这使批评家怀疑，我们的时代是否不仅在服装方面男女皆宜，而且在一般意义上也男女皆宜。一些Z世代的年轻人（大约在21世纪初出生）已经习惯了化妆，这是传统性别规范破裂的另一个标志。[35]还有一些专家在为"性别中立意识"辩护，他们认为在抚养孩子时，规定的性别角色狭窄且有限。心理学家沙法丽·萨巴瑞认为，女孩应该自信、理性和可靠，而男孩应该学会脆弱，并了解自己的感受。[36]

人们不再认为穿裙装和化妆的敏感年轻男子很另类，但事实远非如此。正如汉纳利建议的那样，性别越来越成为一种社会（相对于纯粹的生物）建构的观念，这在一定程度上得益于妇女和同性恋运动以及对"多样性"的更大容忍度。在过去的半个多世纪里，美国和世界的文化变得更加多元，人们越来越认识到，我们对人的分类（性别、年龄、种族、民族、国籍、能力、性取向等）更多是由社会创造的。一个人是谁，跟我们的年龄、肤色或身体特征是没有关系的，随着机器开始改变人之为人的定义，这个有趣的观念必将被越来越多的人接受。

伊万娜·米洛耶维奇在《性别问题：全球人类的未来及其影响》一文中，捕捉到为什么性别中立将成为未来趋势的实质。她解释说，我们表现得像男人还是女人，是因为社会要求我们这样做，这与实际成为男人或女人有很大的不同。米洛耶维奇写道："人类的文化行为体现了女性气质和男性气质，而性别分类比单纯的男性/女性更加不固定。"显然，性别是连续的，而不是绝对的，大多数人都是我们认为的女性和男性特征的混合体。随着性别在科学、技术和女性化（未来趋势37）的影响下变得越来越不稳定，人们更容易接受探索一个人的"男性"和"女性"特征或性别中立的特征。对米洛耶维奇来说，这将是一件非常好的事情，它将促使"等级制度淡化的社会更加民主，更加公平"。[37]

未来趋势6：性别中立
决策与领导力平台

含义

二元性别模型逐渐变得灵活。

- 越来越多的人接受了多元性别观念。

整体性别认同被某些人视为人类的一种进化形式。

- "男性"或"女性"的性别是狭窄且有限的。

性别中立正在成为主流。
- 青年文化正在引领新的性别观念。

性别认同的更大流动性形成了新型的抚养子女的方法。
- 人们正在有意识地做出努力，以避免"男孩"和"女孩"的固定观念。

性别中立在大众文化中被认为很酷。
- 时尚和娱乐行业的创意人士正成为嘻哈一代的榜样。

随着人与机器之间的界限变得越来越模糊，更多的性别中立现象将会出现。
- 科技和人类生物学的融合将使性别变得几乎无关紧要。

商机

在公司运营和沟通中倾向于性别中立。
- 将人们定义为男性化和女性化越来越不受青睐。

探索单性品牌。
- 提供未定义性别的产品和服务。

在与 Z 世代和千禧一代交流时，请使用不分性别的图像。
- 不仅要表现出宽容，而且要表现出差异。

用不同于社会定义结构的其他方式看待用户。
- 避免按性别、年龄、种族、民族、国籍、能力、性取向等进行分类。

随着青年文化占据主导地位，人们期待更多的性别融合。
- 可以按个人喜好在男女性别形象之间转变。

为未来的多性别或无性别世界做准备。
- 保持性别中立并永久摒弃男性 / 女性二元论。

未来趋势7：药典

只要有人，就有药品存在，我们几乎没有理由相信这种情况会改变。实际上，有足够的证据证明，我们正在进入药物消费的新时代，我称这为药典。我相信，随着药典形式成为主流，社会规范与科学突破的碰撞将使未来成为自然和化学诱导改变状态的黄金时代。

要一瞥药品的未来，没有比 VICE 更好的消息来源了，VICE 是一个前卫的媒体，用编辑的话说，"一切的事都重要"。[38]

正如未来趋势 50 讨论的那样，一批益智药或智能药物正在向我们奔来，以帮助人们更好地做他们想做的事情。一些顶尖科学家同意，在 5 到 10 年内，会有许多物质旨在使用户能够"学习、思考、放松、睡眠或只是忘记，就像奥尔德斯·赫胥黎的《美丽新世界》中的怪异、没有宿醉的愉悦药物卡立普多的出现"，正如戴利所说。[39]

未来趋势7：药典
决策与领导力平台

含义

药品是人类状况的永久特征。
- 这反映了人们改变意识的永恒渴望。

科学将极大地扩展可用药物的范围。
- 将有更多针对性的目的和情感状态可供选择。

医学上的药物使用将有助于药典合法化。
- 治疗和娱乐用途之间的界限将变得越来越模糊。

药典将与增强现实和虚拟现实技术相结合。
- 这种组合提供了来自替代现实或我们赖以居住的平行宇宙的强有力的冲击。

商机

利用人类的基本愿望改变一个人的意识状态。
- 这是一种永恒且有利可图的商业模式。

抓住用户对学习、思考、放松、睡眠或忘记的不懈渴望。
- 我们仍处于思维科学的早期阶段。

庆祝个人的基本思想自由权。
- 身心由自己掌控。

发现可以帮助人们感觉更好的替代疗法。
- 对任何能减轻精神或身体困扰的事物的需求都在持续增长。

用不同的意识形式描述你的产品或服务的可交付成果。

- 用户对逃避现实的普遍性存在持久的兴趣。

未来趋势8：东方主义

1968年，甲壳虫乐队去印度参加一个超觉静坐集会，该集会由玛哈里希·玛赫西·优济主持。在乔治·哈里森的带动下，甲壳虫乐队对超觉静坐的兴趣不仅改变了西方人对印度灵修的态度，而且引发了他们对东方修行的迷恋。二十多岁的婴儿潮一代最受东方吸引，这是他们反文化观念的重要组成部分，他们拒绝来自父母的基于西方竞争、顺从性和消费资本主义的生活方式。佛教哲学与学生们对越南战争的和平抗议活动很好地融合在一起，超觉静坐和瑜伽（和致幻剂）让他们获得幸福的感觉，这种现象在美国和欧洲的青年文化中很普遍。[40]

半个世纪后，乔治·哈里森的西塔琴仍然在西方人的耳边回响。东方精神已成为主流，许多人发现佛教是传统犹太教和基督教的理想替代品或补充。因为对东方哲学的早期接触，婴儿潮一代继续拥护佛教，千禧一代也在所谓的"精神市场"购物。作家兼老师刘易斯·里士满认为："禅修、老师、静修中心和寺院，以及一些核心术语（法、业、正念、坐禅、菩萨和慈悲等）已广为人知并被广泛接受。"西方人也普遍接受了东方的医疗保健做法，各类用户都在CVS公司、沃尔格林和杜安·里德的货架上巡游，寻求自然疗法。按摩、针灸、草药补品、液态维生素和精油都是在不求助药品（和医生）的情况下保持健康的方法。[41]

针灸疗法（中国人刺激身体的某些部位的做法，通常是把细针扎进穴位）作为一种替代医学，发展特别迅速。美国国立卫生研究院的一项研究表明，针灸可以帮助患有某种疾病的人避免手术，该技术可以有效减轻慢性疼痛。实际上，据说针灸通过精准地刺入人体中的6个穴位，可以减轻疲劳，并帮助人们长时间保持精力充沛。针灸是有些人所说的中医的一部分，预计它在未来几年会蓬勃发展。尽管西方科学尚未明确证明针灸具有临床疗效，但有充分的证据表明，针灸和其他中医疗法均能发挥作用。与中医不同，西医的一次就诊会产生处方或转诊，而中医需要时间才能起作用。人们对中医的接受程度在不断提高，以至一些保险公司愿意为中医治疗买单，这确实是一个非常好的消息。[42]

越来越多的美国人和欧洲人也选择诸如气功之类的东方健身方案，以替代增强力量的长期心血管锻炼。练气功的目的是带来"气"，它像血液一样在人体中流动，这是中国的治病能量概念。学员跟随老师进行深呼吸练习，并结合一套涉及身体各个部位，尤其是关节部位的流动运动。西方人渴望通过更加综合的身心精神哲学实现健康，因而对气功等东方运动的兴趣日渐浓厚。健身房明智地意识到这一点，引进了亚洲的更舒缓、更温和的项目吸引学员——这表明，随着越来越多的东方健身方法流入西方，更大的冲击将会发生。[43]

未来趋势8：东方主义
决策与领导力平台

含义

随着东方变得越来越西方化，西方也变得越来越东方化。
- 全文化主义（未来趋势31）正在发挥作用。

东方做法吸引了几代人。
- 这是新兴的反文化主义和千禧年的全球主义的共同作用。

东方主义最引人注目的特征是它的整体观。
- 美国人和欧洲人越来越热衷于身心一致。

东方主义的另一个关键方面是其精神基础。
- 能够替代两极化且具有批判性的犹太基督教，极具吸引力。

用户、医生和保险公司更愿意接受东方的医疗保健方法。
- 与以吃药为主的西医相比，东方的以健康为目标的预防性取向在文化上更具一致性。

健身也向东方看齐。
- 轻柔的健体活动胜于激烈的运动。

商机

向东方学习，用户可以保持整体健康感。
- 东方主义是一种元哲学，几乎可以应用于个人生活的方方面面。

将东方主义视为包容性战略。
- 涵盖年龄、种族、性别、种族、国籍等等。

为你的品牌注入大量东方风格。
- 把理性主义、推理、逻辑和线性思维换成阴阳相合的宇宙力量吧。

推出融入身心元素的品牌。
- 为更多用户引入更多产品和服务。

将东方价值融入你的产品或服务的可交付成果。
- 带来平衡、专注、清楚、平静和启示等。

为企业带来一些禅意。
- 提供禅修、瑜伽、佛教、正念、气功、太极拳等工作坊。

未来趋势9：智慧

事实：那些觉得自己在个人发展阶梯上取得进步的人通常不仅健康快乐，而且聪明，或者至少在一般情况下是这样的。几个世纪以来，极其明智的人试图破译什么是智慧，但对于它到底是什么、如何获得，以及如何最好地利用尚无共识。尽管人们对这个问题有不同的看法，但智慧通常被认为是积累经验的结果，这些经验达到一个人所能达到的最高阶段。达到这一人生的终极阶段所需的持续发展（在智力、社会、情感和道德上）意味着智慧将一直在积累。人们认为，智慧可以带来更多的成就感、满足感和幸福感，并且可以使他人和整个社会受益。出于所有这些非常好的理由，许多人都在追求智慧，这清楚地表明它将成为未来的一项主要追求。[44]

智慧的价值并没有被研究人员忽视。尤其是其中一个机构芝加哥大学实践智慧中心，正在引领人们学习更多关于智慧的知识，并尝试将其应用于日常生活。很久以前，智慧被认为是一个艰苦的学术研究课题，研究的目的局限于理解其构成和价值，这使得智慧中心在某种程度上成为对古人和文艺复兴时期最聪明的人的沉思的回归。该中心的领导认为，虽然构想一个能够更好地表明人类能力的主题很难,但对智慧的更全面探索有望激发有关物种如何发展的新想法。[45]

实践智慧中心是未来的灯塔,因为它了解智慧在社会中所发挥的关键作用。该中心的使命是"加深对智慧以及它在日常生活的决策和选择中所起作用的科学理解",这是一个公认的伟大事业。这些现代的苏格拉底宣称:"我们想了解个人是如何形成智慧的,还有人们最有可能做出明智决定的情况和场景,希望通过加深对智慧的科学理解,我们也能了解如何获得、加强和运用智慧,进而让我们的社会成为一个更具智慧的社会。"该中心的研究人员提出的具体问题是:"专业知识与智慧之间的关系是什么?""经验如何增加智慧?""认知、社交和情感过程与调解智慧方面有什么关系?"[46]

实践智慧中心不仅思考生活中如此重要的问题,而且把钱花在了刀刃上。该中心把大学里的科学家、学者、教育者和学生以及对研究和理解智慧感兴趣的国际研究人员和学者联系在一起,引领人们更多地了解智慧的动态,进行新的区域研究,发布重要发现。该中心还致力于提高公众对智慧的兴趣,提高个人智慧水平,并倡导使我们的机构变得更加明智的想法。该中心指出:"很难想象还有比这更能体现人类最高愿望的主题了。"并补充说:"研究智慧,对照亮和开阔人类繁荣的新视野具有重要意义。"[47] 当我们期待一个充满希望的更具智慧的未来时，这些话的确是明智的。

未来趋势9：智慧
决策与领导力平台

含义

几千年来，智慧一直是理想的终极追求。
- 智慧是人类发展的最高阶段。

智慧的文化传播正在上升。
- 智慧必须是争取来的，而不是买来的。

全球人口的老龄化与人们对智慧的更大兴趣直接相关。
- 智慧通常是经验的产物。

随着智慧的价值日益得到认可，人们越来越关注智慧。
- 智慧正在成为一个合法的研究领域。

为我们面临的诸多社会、经济和政治挑战找到解决方法需要更多的智慧。
- 智慧将被认为是未来几代领导人必需的特质，因为科学研究使智慧变得更加可衡量。

神经科学的进步可能会把智慧变成一种认知商品。
- 就像大脑的其他过程一样，这是一种重新连接的功能。

商机

为用户提供提高个人智慧水平的机会。
- 智慧是很难或不可能匹配的状态符号。

将你的品牌作为智慧的代言人来展示。
- 提供可使个人以某种方式变得更明智的产品或服务。

致力于使企业充满智慧。
- 成为具有强烈社会责任感的思想领袖。

与芝加哥大学实践智慧中心成为合作伙伴或者为其提供某种支持。
- 推动智慧事业,为社会带来更大的利益。

寻找专门针对你所在行业与智慧相关的研究。
- 企业和员工如何变得更加睿智?

指定公司的首席智慧官。
- 此人有责任确保智慧成为决策过程的一部分。

未来趋势10:自我实现

你还记得大学心理学课上的图表吗?亚伯拉罕·马斯洛在他的金字塔需求层次中提出,随着年龄的增长人们面临着五个人生阶段。他在1943年写道,人们渴望满足某些需求,最基本的是身体生存。在满足更高需求之前,我们必须满足较低的需求,我们对生活的态度和我们的许多行为都致力于下一步需求。第一阶段是生理需求（即空气、食物、饮料、住所、温暖、性、睡眠）；第二阶段是安全需求（即安全、秩序、法律、稳定、无恐惧）；第三阶段是爱和归属感的需求（即友谊、亲密、信任和接受、接受和给予爱与关爱、隶属关系、成为群体的一部分）；第四阶段是自尊需求（即成就、掌控、独立、地位、支配、威望、自尊、他人的尊重）；第五个也是最后一个阶段是自我实现（即实现个人潜能、自我实现、寻求个人成长和最佳体验）。[48]

马斯洛已经去世半个世纪了，但他生前辩称，只有1%的人进入了第五个终极阶段。在过去的几十年里，富裕的社会使许多人能够朝着自我实现的金字塔迈进。这是一件了不起的事情，当然前提是，人们相信心理学的动机理论在现实生活中是有价值的。自助运动的发展和高度治疗文化的发展也有助于将个人推向金字塔的顶端。这些都是马斯洛或其他任何人在第二次世界大战期间发表其最初的具有里程碑意义的论文时无法预料的其他主要社会力量。[49]

如今，自我实现已经成为心理安全感更强的人的共同目标，随着人口老龄化以及数百万甚至数十亿人口的基本需求得到满足，这一目标将变得更加普遍。尽管人们更倾向于使用诸如幸福和改善之类的术语而不是自我实现，但其理念基本上是相同的。(对创造这个词的人来说，自我实现是对实现的渴望，或者用他自己的话说，"成为一个人能够成为的一切"。)正如英国一家全球性趋势识别公司 Trendwatching 指出的，个人正在积极地尝试实现他们的理想身份，作为他们不断追求自我完善和实现"真实自我"的一部分。可以说，当代的许多消费主义实际上都是关于自我实现的，品牌选择的依据是它们帮助人们攀登马斯洛阶梯的相对能力。Trendwatching 的精明人士提出，"用户已经超越了作为身份象征的产品，甚至超越了'体验'经济，进而到达自我实现成为新的身份象征的境界"。[50]

实际上，通过生活的各个方面的幸福感来引导自我实现的道路是一个为各种企业提供重大机遇的想法。培养一种全方位的健康意识，并帮助人们在人、物和体验之间建立一种深刻的情感关系，是企业考虑如何定义其愿景和使命的方式。同样，更多智慧的、自我实现的人可以帮助我们创造一个更美好的世界，这在各个层面上都是一种崇高的追求。梅利莎·汤普森于 2016 年在在线报道 newsblaze.com 上写道："自我实现是每个人都在追求的新奖励。"她认为，人们实现自我的潜力比以往任何时候都高。[51]

未来趋势10：自我实现
决策与领导力平台

含义

个人在有意识或无意识地发展着。
- 随着年龄的增长，人们（很有希望）会沿着马斯洛的需求层次往上攀登。

金字塔的最高层是一个超越财富或权力的目标。
- 充分发挥潜能是任何人的最终成就。

由于社会和经济因素的影响，越来越多的人追求自我实现。
- 中产阶层（未来趋势15）和老龄化（未来趋势35）正在为个人成长创造理想的文化氛围。

对自我的关注有助于人们攀登阶梯。
- 个人主义（未来趋势1）是满足个人需求的基础。

其他文化力量也在发挥作用。
- 东方主义（未来趋势8）和智慧（未来趋势9）与自我的进化息息相关。

力所能及是一种新的和值得称赞的地位形式。
- 自我实现对个人和整个社会都有好处。

商机

将你的品牌定义为用户完成自我实现的机会。
- 对任何产品或服务来说，一个人充分发挥潜力的意义都远远超出其存在的通常意义。

培养全方位的幸福感或"改善"感。

- 在人、事物和体验之间建立深厚的关系是一种高级营销形式。

向个人展示自我实现的新奖励。
- 自我实现是越来越多的人尝试获得的一个诱人的奖励。

在我们根深蒂固的治疗文化上进行交易。
- 许多人已经进入自我完善、个人成长和追求幸福的阶段。

要特别注意婴儿潮一代。
- 获得理想的身份通常是人生第三幕的首要目标。

努力使企业实现自我实现。
- 公司怎样才能充分发挥潜力?

第2章

经济趋势

赢家将是那些既能掌控全局又能关注细节的人

在我们共同的未来，自由经济将蓬勃发展，希望你能为此做好准备。自由主义正在成为当今的趋势，它是全球向民粹主义和反官僚主义转变的一部分。东欧剧变、苏联解体后，其影响挥之不去，自由市场资本主义席卷世界各地，因而，优胜劣汰的哲学正在指导经济理念和实践。结果是出现了两极化和集中化的怪异现象，体现为一些国家中产阶层的数量在增长，但总体上经济分化加剧。个性化趋势和微品牌的问世表明，决策者必须能够集中精力，而放松管制和去中介化等趋势则清晰地表明，他们也必须对全局有良好的把控。因此，赢家将是那些既能掌控全局又能关注细节的人。

也许对商人而言，最好的消息莫过于第二波巨大的消费主义浪潮正在席卷全球。一些专家认为，对生活中美好事物的狂热追求，无异于将全球经济从深度衰退甚至更糟的境况中"拯救"出来。在西方的许多地区，后工业经济环境并不适合经济增长，毕竟我们许多人对大量添置已有物品并不感兴趣。与即将爆发的全球经济危机并存的，当然是数字技术正在渗透到日常生活的每个角落和缝隙。如果说我们的经济未来有一个中心主题，那就是我们在全球范围内的联系会日益紧密，这对任何企业都将产生重大影响。网络世界的出现成功地将我们所有人变成了仅由生产者和用户组成的单一市场，这是全球化趋势的当代版本，而全球化的发展历史就算没有一千年，也有几百年了。(《经济学人》在2013年的一篇热门文章中指出："全球市场一体化几乎和人类一样古老。"[1])货币本身正在迅速数字化，这也许是我们已经成为全球经济舞台参与者的最终标志。工作场所从原先由时间（通常是每周40小时）和空间（办公室）定义的相当整洁的模式变成一种不受时间和地点限制的主要由自由职业者组成的模式，这种重塑正进一步将我们所熟知的经济变得截然不同。

对大多数热衷于在全球经济舞台粉墨登场的企业和个人而言，他们的总体目标是寻找创新的方法，使自己成为主演而不是替补演员。无论如何定义，取得成功面临的挑战无疑都比以往任何时候更艰巨，而且将来还会更加严峻。首先，在日渐变小的世界里，开放的市场和理论上平等的技术获取手段意味着更加激烈的竞争环境，这使得个人有必要以某种方式从大众（现在近 80 亿人口）中脱颖而出。作为全球公民，共性越多，我们就越想彰显自己的个性，但是，这只是众多看似矛盾的现象之一，预示着本章节的未来十大趋势。

考虑到当前经济趋势的走向，企业首先需要考虑如何才能帮助人们打造独特的身份。我认为，正是这种让我们的存在为人所知的基本愿望带来了最大的商机。企业通过良好的决策和领导力，将其资产打包到个人用户认为有意义和价值的产品或服务中。种种迹象表明，未来的经济局面将更加不确定，各行各业都有更多理由在短期和长期计划的制订中考虑这种趋势。

未来趋势11：放松管制

我已经看到经济学的未来，遗憾的是，这个未来是放松管制。随着经济自由大气候几乎席卷全球，政府为鼓励商业发展而减少或消除特定行业内的限制——放松管制正在进一步发展。[2] 参加选举的民粹主义领导人和迎合企业利益的在任政客，都在废除保护用户权益的法律，而这些法律是在用户保护被视为头等大事那段振奋人心的日子里通过的。有一种观点甚嚣尘上，即懂行的用户才称得上好的用户，还有就是，政府不应该插手商业领域。全球主义正在助长放松管制，各国都不希望通过限制本国的公司，规定它们能做什么和不能做什么，从而让它们处于竞争劣势。"市场最清楚"正在成为时代的口头禅，这一哲学理念会在未来成为经济政策的风向标。

那么放松管制是好事还是坏事？与大多数有争议的问题一样，好坏皆有。从积极的一面来看，放松管制使行业中的小型企业更具创新性，它们可以更好地和大型企业竞争（并为用户提供更具创新性和趣味性的产品）。因为市场力量决定了产品的价格，所以，与监管机构相比，放松管制往往会导致价格降低。最重要的是，放松管制会阻止垄断产生，而后者通常是大企业与机构合作制定规则的结果。从消极的方面看，放松管制通常会形成一个以繁荣与萧条为特征的更加动荡的经济环境，并会阻碍需要大量启动资金的新产业的形成。同样，在高度放松管制的环境中，用户更有可能买到劣质或危险产品，或者因骗局和欺诈行为而感到焦头烂额。最严重的是，对特定行业的监管一旦消失，社会责任就会被抛于脑后，而当公司将利润置于保护自然资源之上时，环境面临的风险尤为巨大。[3]

历史生动地证明了行业放松管制的潜在危险，以及随之而来的反制措施。许多专家，尤其是外国专家，认为2008年的全球金融危机是由1999年美国银行体系的放松管制导致的，当时大银行购买了大量高风险的次级抵押贷款，以提高盈亏底线。20世纪90年代，各国对能源行业的放松管制最终导致了安然事件。还有，航空公司1978年放松管制，造成了当今的寡头垄断及票价的上涨，对客流量较少的市场服务不足，把曾经的美好体验变成了可怕的记忆。[4]

历史清楚地告诉我们，全球竞争愈演愈烈，股东迫切地追求短期收益，这些都驱使企业以牺牲用户利益为代价，将贪婪置于道德之上。然而不幸的是，随着各国精简开支并选举那些不想被视为反商业的领导人，放松管制趋势正在上升。在未来越发放松管制的环境中，各类企业该如何行动？充分利用自由市场固然很好，但反对放松管制也有很多好处。简言之，为了更好地服务用户和企业自身的品牌，企业应该考虑自己制定一套自律规章制度。

未来趋势11：放松管制
决策与领导力平台

含义

期望你的行业进一步放松管制。
- 允许市场进行自我调节的趋势更明显。

政府不干预，企业可能有更大的自由经营空间。
- 限制和官僚主义的繁文缛节将会减少。

对利基市场营销者而言，放松管制无疑是有利因素。
- 去除限制和审查更易于挖掘竞争优势。

更多的参与者将有能力通过压低价格获得最高利润。
- 产品和服务一旦被更多人接受，企业收入就会有增无减。

放松管制可能会导致整个行业及整体经济不稳定。
- 更少的控制和约束 = 更多的不确定性和可变性。

极少或根本无监管的行业会大量涌入无良玩家。
- 更大程度地放松管制对道德企业和用户都不利。

商机

企业通过培育行业的优良形象，从放松管制的群体中脱颖而出。
- 通过在沟通中表现出强烈的基于企业责任的道德感，走高端路线。

严格执行公司内部准则，以阻止员工从事不正当活动。
- 在放松管制的环境中，走捷径或者隐藏信息更为容易。

通过共同制定质量标准，在你的行业中发挥领导作用。
- 鼓励员工成为国家级相关协会的积极成员。

积极呼吁保护用户权益。
- 保护你的行业免受非诚信竞争者带来的不良声誉影响。

与受用户高度信赖的非营利组织合作，以保持良好的形象。
- 这些组织包括基督教青年会、联合劝募会、美国红十字会、美国癌症协会等。

为服务不到位的市场提供额外服务。
- 鉴于利润率较低，不太富裕或交通不便的地区在很大程度上不受重视。

未来趋势12：两极分化

2015年，新经济思想研究所（INET）指出，"几乎可以肯定，全球相对的和绝对的不平等程度达人类历史最高水平"。研究人员想知道，"我们能否做些什么来扭转或缓解这一趋势"。与纽约城市大学客座教授布兰科·米拉诺维奇交谈后，新经济思想研究所得出这一结论。当年11月，米拉诺维奇与新经济思想研究所合作理事马歇尔·奥贝巴赫进行了长达20分钟的精彩访谈，绝佳地概述了过去、现在和未来全球收入的不平等状况。同时，作为世界银行和卢森堡收入研究中心的成员，米拉诺维奇还指出，许多（即使不是大多数）富人和穷人仍在朝相反的方向发展，除非采取有力措施，否则这一趋势在21世纪可能会继续下去。[5]

米拉诺维奇与其他经济学家的不同之处在于他的全球定位，以及他更深刻地理解到，所有国家和公民在收入和财富分配方式上有着不可磨灭的联系。大多数经济学家只在特定国家内研究贫富差距，这种理解差异的方法有效但狭隘。然而，从国际视角看，这种差异尤为明显，人们更容易理解我们全球的财富分配是多么不均衡。米拉诺维奇的研究表明，世界上最富有的5%的人口拥有总收入的1/3，这一财富数字相当于80%最贫困人口的总收入。从这个角度看，地球上只有15%的人可以被视为中产阶层，从经济角度看，这个令人不安的事实证明了世界的两极分化有多么严重。在一些亚洲和南美国家，中产阶层在不断发展壮大，但残酷的事实是，世界上大多数国家的贫富差距仍然很大，而且似乎会越来越大。[6]

米拉诺维奇与其他一些学者专注于研究全球收入和财富失衡现象，直到最近他们才把研究成果公之于众。大约10年前，关于经济两极分化的讨论一直局限于发展中国家的困境，但随着2008年金融危机的发生，一切都改变了。人们普遍认为，较穷国家的人们正在加快经济发展的步伐，但那次事件之后的研究表明，富人在经济泡沫破裂后能迅速反弹，并在经济向好的时候积累大量财富。我们从"占领华尔街运动"中获悉，最富有的1%的人，甚至能让已经非常富有的人看起来也像穷人，而技术变革以及从制造业经济向服务型经济的逐步转型则是这一趋势的主要诱因。在美国，以实际美元计算，最低工资比1968年的历史最高水平低很多，这也加剧了经济两极分化。[7]

无论企业各自的业务范围扩展到什么程度，它们都有道德义务（以及可能的经济义务）来考虑这种巨大的经济不平等，在理想情况下，它们还应采取措施加以解决。很明显，不平等对商业不利（贫困通常涉及苦难），除此之外，它还极大地减少了可以参与全球市场的人数。扩大中产阶层对单个国家乃至整个世界都有好处，这将使收入和财富曲线趋于平缓，更具影响力的公司应设法将这一点纳入思想领导力平台和长期规划。

未来趋势12：两极分化
决策与领导力平台

含义

全球经济竞技场根本不是一个公平的竞技场。
- 大部分财富被小部分人占有。

中国和印度的中产阶层不断增长，与其说这是规律，不如说是特例。
- 这并不能反映整个世界的趋势。

从全球角度看经济学更为准确。
- 以单个国家为单位进行分析固然很好，但会有局限性。

任何企业都有责任考虑，全球范围内的巨大不平等与其使命和运营之间的关系。
- 在某种程度上，每个人和每个企业都是世界舞台上的参与者。

人们对经济不平等的认识将来会更深入。
- 人们更加认识到，两极分化是我们这个时代最大的问题之一。

扩大全球经济中钟形曲线的中间部分符合所有人的最佳利益。
- 对商业甚至整个社会而言，更多财富掌握在更多人手中才是最佳的经济准则。

商机

将全球经济观纳入企业章程。
- 不管你是否意识到，两极分化都在影响你的业务。

投资本土经济和国外经济。
- 实际可衡量的改变是可行的。

考虑将发展世界中产阶层作为一项事业。
- 人们越来越关注这种情况，但理解还不够深入。

与致力于帮助穷人摆脱困境的组织合作。
- 这些组织包括联合国儿童基金会、无国界医生组织、美国世界粮食计划署、供养美国等等。

举办一个关于全球经济不平等的论坛，普及这方面的知识。
- 实时直播该领域专家级经济学家的讨论。

给雇员的工资超过最低工资。
- 多项研究表明，最低工资处于贫困水平的人，无法养活一个家庭（甚至是一个人）。

未来趋势13：个性化

谢里尔·拉塞尔在25年前出版的《大趋势：婴儿潮一代是如何重塑美国的》一书中，敏锐地观察到我们新近从工业经济向个性化经济的转变。她在1993年指出，"为个人主义用户设计的定制商品"是这种新型经济的基础，她补充说，"关于客户及其需求的信息"对于希望打造个性化产品和服务的营销人员来说至关重要。拉塞尔列举了手机、音像店和自动取款机作为当时正在成形的更具个性化消费前景的典型例子，不过我们没有意识到，互联网在短短几年内就彻底改变了经济甚至我们所熟知的生活。[8]

如今，数字内容最有说服力地定义了个性化经济，因为企业对我们每个人在各自屏幕上看到的内容，即使不痴迷也会感兴趣。《福布斯观察》在2016年发布的白皮书中说："现在的最终结果是个性化，随着创新型公司找到融合虚拟和现实世界的新方法，为每个人创造有意义的体验，这个结果也在不断演变。"据《福布斯》报道，更多从事数字化的公司使用海量数据来创建的定制内容变得非常流行，这是拉塞尔向营销人员所提建议的超级版本，以搜集"有关客户及其需求的信息"。为了做到这一点，《福布斯》列出五项关键措施，即确定目标的优先级，指定"内容冠军"，通过数据了解客户，构建功能，测量优化，该模式很可能会成为未来营销的模板。[9]

高德纳数据分析公司是一家为新兴的个性化经济提供建议的公司。该公司的分析师莉迪娅·克劳赫蒂·琼斯指出："公司面临着利用数据的巨大压力。"她认为，数字信息的巧妙处理与未来的个性化趋势完美地结合在一起。当前，卫生保健、银行和零售等许多行业的营销人员正在通过为用户提供个性化的产品和服务来追赶个性化潮流。她补充说："用户成群涌向那些根据个人喜好定制的创新产品，而这些产品通常是根据他们独特的生理和心理特征定制的。"她还举了一些先进宽带技术和医疗保健应用的例子，比如可食用、可穿戴和可嵌入的产品。对走这条路线的营销人员来说，要想遵守隐私至上的行业操守无疑会相当困难。[10]

但是，未来可能出现一种更为极端的个性化经济。梅拉妮·斯旺在她的博客 Future Memes 中写道："作为个人，我们越来越有意识地审视在默认的情况下我们所处的经济体系，质疑它们的有效性、效用和影响范围。"她还提出："经济体系是由个人层面而不是民族国家层面决定的，这可能是新的敏感点。"斯旺和其他一些人预见了即将到来的个性化经济体系，在该体系中，我们每个人都将拥有自己的货币形式、转换机制和其他权利，这些权利可以使个人成为微型经济的主宰。这听起来也许有些夸张，但我们许多人已经建立了相当复杂的社交媒体平台，这使得个性化经济平台的概念成为可能。[11]

未来趋势13：个性化
决策与领导力平台

含义

全球经济正变得越来越个性化。
- 我们离大规模生产/消费模型越来越远。

网络世界非常适合个性化经济的发展。
- "个人计算机"本质上是个人主义的。

数字内容正在将个性化提升到一个全新的水平。
- 数据和分析是创建用户专属体验的关键。

隐私问题与个性化并存。
- 信息搜集和共享现在已成为个性化网络的基本组成部分。

个性化的产品和服务显然是未来的潮流。
- 我们可能正在接近那一天，那时所有消费品在某一方面将是独一无二的。

个性化经济平台的概念很难想象，却是可行的。
- 这种平台将是民族国家解体和大型机构解散的延伸。

商机

将个性化的概念嵌入企业可交付的产品。
- 企业如何才能更好地满足个体的需求和愿望？

个性化医疗是将用户当作个体来对待的典型范例。
- 医疗保健沿着每个人（及每个身体）都是不同的这条理解曲线继续发展。

混搭自己的品牌，更具个性化。
- 异花授粉式方法是增加特性和设计元素的相对容易的方法。

允许用户设计个性化的产品和服务。
- "创造自我"是个性化的最终体现。

在投资前，先评估创建数字内容以及使用数据和分析的价值。
- 现实世界中的个人体验与在线体验一样好，或者前者比后者更好。

优先考虑个人隐私。
- 将数据搜集纳入企业道德政策。

未来趋势14：电子货币

2016年11月，瑞典国家银行宣布，正在考虑引入自己的电子货币。这是大型银行首次发行电子货币，这可能会导致全球转向使用虚拟货币。世界各地的现金使用量都在下降，而瑞典最甚，因而，该国有可能成为使用电子货币的主流地区。在瑞典寻找自动提款机就像大海捞针一样，而且很多零售商都不再接受现金支付。[12] 电子货币（尤其是比特币）与支付卡的功能一样，可以让用户在任何地方购物，这是网络购物带来的意外成果。虽然虚拟货币的各种缺陷尚未得到解决，但将货币与特定国家挂钩的想法根植于过去，在未来几乎或根本没有立足之地。

瑞典很可能是一个例外，但我们也不难相信，在不久的将来，美国甚至联邦政府的银行都将发行电子货币。这是"货币专家"道格·凯西的预言，她在投资理财方面经验丰富，对经济和政治事务很有发言权。凯西认为，美联储不仅会发行自己的电子货币，而且会采取措施鼓励人们使用所谓的"美联储币"。这样做是为了先发制人，打击未来10年左右可能出现的所有外国加密货币；美联储币最初可以与美元兑换，因此是一种更稳定的虚拟货币形式。[13]

当然，无现金社会已经取得了很多进展，但是在大多数国家，纸币和金属货币仍然大量流通。毕竟，三千年的习惯是很难改掉的，这也就不难理解为什么许多人不愿完全放弃现金。但是，你只需要观察千禧一代是如何使用电子支付的，便会知道现金为何会在20世纪被广泛使用。事实上，益普索集团在2017年受荷兰商业银行网站eZonomics的委托所做的一项研究显示，超过1/3的美国人和欧洲人表示，如果可以，他们很乐意使用电子货币而不是现金，而在这1/3的人中，至少有20%的人表示，尽管有诸多不便，但他们已经在使用电子货币了。拥有自己的货币形式的民族国家是无现金社会全面兴起所面临的最大挑战之一，但地缘政治趋势强烈支持无国界经济的到来。[14]

不一定非得是预言家才能意识到我们大多数人将在有生之年使用电子货币。相较于在裤子里翻找那个失踪的硬币，在移动设备上用手点几下更为方便，这也说明，金钱成为不断扩张的网络世界的一部分是合理的。我们还要记住，在20世纪90年代后期，许多人都对使用信用卡在线支付感到非常紧张，因为在加密货币世界中，欺诈和洗钱活动仍然很普遍，这些都在放缓将现金大量投入历史垃圾箱的步伐。但是，放松管制和全球化都站在电子货币这一边，相对而言，这表明我们的经济前景很快就会大不相同。传媒公司 nuskool.com 认为，"电子货币将成为没有政府监管的货币，并得到全世界的认可，从而彻底改变我们全球经济运行的方式"，我认为这种情况是不可避免的。[15]

未来趋势14：电子货币
决策与领导力平台

含义

电子货币时代即将到来。
- 现金正在逐渐消失，尤其是在年轻人中。

各大银行将开始发行自己的加密货币，以获得竞争优势并使其利益不至于受损。
- 电子货币将被视为保留存款和控制资产的一种手段。

接受电子货币会对其他国家产生涓滴效应。
- 国际贸易将成为电子货币发展的催化剂。

在电子货币取代普通用途的现金之前，我们有许多问题需要解决。

电子货币完全符合技术、地缘政治和社会趋势。
- 金钱是为数不多的仍然大量使用模拟技术的领域之一。

随着电子货币成为常态，各种其他力量也在发挥作用。
- 如果存在一种通用（即电子）货币形式，那么它会对政治和文化产生重大影响。

商机

在你所在的行业倡导电子货币。
- 拥抱货币历史上正在发生的革命。

在其他全球未来趋势的背景下构建电子货币的框架。
- 电子货币是向互联、自动化、移动性和 24/7 全天候时代生活迈进的重要转变的一部分。

通过对电子支付的优惠措施吸引有影响力的早期尝试者。
- 为传统付款方式（即现金、支票和信贷）以外的方式提供激励措施。

与一家大型银行合作，帮助其创建一种电子货币。
- 拥有品牌电子货币意味着企业有机会成为未来商业的一部分。

与技术公司合作，创造一种专属的电子货币。
- 特定行业会提供竞争优势和／或用户优势。

将安全问题纳入数字支付的所有途径。
- 力争领先于心怀恶意之人。

未来趋势15：发展中产阶层

世界如何在经济上两极分化的同时发展中产阶层呢？就

像脸书上描述的许多关系一样,这个问题很复杂。从宏观角度来看,世界经济确实越来越分化,但是,在一些人口众多的国家,越来越多的人迈入中产阶层。布鲁金斯学会全球经济与发展计划高级研究员兼副主任霍米·哈拉斯预测,"全球中产阶层的增长将推动世界经济发展",他认为这一趋势对大大小小的企业和整个社会来说都是好消息。哈拉斯在 2017 年为该组织发表的工作论文中指出,全球中产阶层正在经历"前所未有的增长",他认为在可预见的未来,这种增长会继续下去。他滔滔不绝地说:"未来 10 年,中产阶层的增长将比历史上任何时候都要快。"同时,他的研究表明,在几年内,"世界上绝大多数人可能会首次体验到中产阶层甚至富裕阶层的生活方式"。[16]

对哈拉斯和其他亲资本主义者来说,关于全球中产阶层的增长,令人振奋的事情是地球上有数十亿用户。哈拉斯等经济学家认为,与其将纯收入水平作为衡量阶级的主要指标,不如将消费或购买力作为衡量一个人社会经济地位的首要指标。预计发达经济体的用户支出每年仅增长 0.5% 至 1%,而新兴经济体的用户支出很可能每年增长 6% 甚至更高,这对希望扩展市场的企业来说是个利好消息。当然,全球中产阶层的大多数新成员都希望自己物质充足,他们热衷于购买汽车、度假以及参加娱乐活动和体育赛事,更不用说投资医疗保健、教育和金融等服务了。中国和印度是中产阶层发展的中心,在不久的将来,到达这一阶层的下一个10亿人口,几乎90%是亚洲人。[17]

根据国际货币基金组织(IMF)的预测,当2020年中国和印度的中产阶层达到15亿时,其他国家的公民也在沿着经济阶梯迅速攀升。几年后,巴西、墨西哥、巴基斯坦和印度尼西亚各自的中产阶层可能会超过1亿人,埃及、尼日利亚和越南将紧随其后。菲律宾和泰国的经济地位也在不断提高,以至这些国家的中产阶层规模与英国、法国和意大利的中产阶层规模相当。如果如预期的那样,在不久的将来会再增加10亿中产阶层,那么全球中产阶层将会达到40亿以上,这一群体将成为世界人口的最大组成部分。[18]

有趣的是,哈拉斯认为,迅速增长的全球中产阶层实际上可能有助于减少而非增加地球的碳足迹。虽然消费量增加确实意味着消耗更多的自然资源,导致更多的排放量和额外浪费,相较于贫困阶层的妇女,中产阶层妇女更有可能外出工作,但是哈拉斯解释说,劳动力中女性越多意味着婴儿越少,那么全球人口的明显减少足以抵消消费量增加带来的负面环境影响。他说:"新兴的中产阶层应被视为减少碳排放的积极力量,而不是加剧气候变化的因素。"我们希望有更多理由相信他是对的。[19]

未来趋势15：发展中产阶层
决策与领导力平台

含义

全球不断壮大的中产阶层会使每个人受益。
- 数百万人，甚至可能是数十亿人正在摆脱贫困。

全球经济正在两极分化，但同时中产阶层的数量也在增加，这一现象虽然奇怪却真实存在。
- 最富有的人和最贫穷的人正在扭曲钟形曲线。

国际商界对全球中产阶层的增长欣喜若狂。
- 大多数行业和公司将从更多用户的"平均"购买力中受益。

亚洲是全球中产阶层无可争议的世界中心。
- 庞大的人口使西方国家相形见绌。

全球中产阶层是消费资本主义的最终胜利。
- 长达一个世纪的进程终于覆盖了世界的各个角落。

更大规模的中产阶层对碳足迹和气候变化的影响备受争议。
- 人口减少抵消了更多的消费。

商机

在全球中产阶层增长过程中，有些国家会占有一席之地。
- 这些国家包括中国、印度、巴西、墨西哥、巴基斯坦、印度尼西亚、埃及、尼日利亚、越南、菲律宾和泰国。

从发达经济体中产阶层的演变中吸取教训。
- 历史在大约一个世纪后重演。

创建有潜力跨越国家和文化界限的品牌。
- 力争在营销工作中使用通用语或世界语。

挖掘全球中产阶层共有的价值观。
- 这些价值观包括抱负、地位意识等。

在品牌传播中利用带"美国特征"的概念。
- 美国是中产阶层和消费文化的有力象征。

将企业精神和社会责任融入全球营销计划和项目实施。
- 尤其要注意消费主义对环境的影响。

未来趋势16：微品牌

贝丝·诺维茨基写道："纵观过去 50 年的社会变化，显而易见的是，我们已经从一种'单一'文化转变到'多元'文化。在'单一'文化中，一切都是利用单一的资源进行大规模生产，而在'多元'文化中，无限的选择、社会经济和种族的多样性、全球化以及 24/7 的消费需求将品牌分解为越来越小的实体。"建筑设计公司 Gensler 的董事诺维茨基对过去半个世纪的商业发展以及未来的发展趋势有着敏锐的洞察力。行业向服务经济的转变以及媒体的分化，引发了营销概念和实践的全面革新，而互联网的切片和分割效果只会使这一过程复杂化。[20]

营销的这种历史巨变，其自然结果就是微品牌，这一点不足为奇。根据诺维茨基的说法，微品牌提供了"清晰的观点、针对性的沟通策略和私人定制的机会"，"试图为所有人提供功能的大品牌已经成为过去"。这一点十分正确。与传统品牌相比，微品牌更具敏捷性、灵活性和可塑性，更可能在未来愈加动荡的经济和社会环境中得以生存和繁荣。就像整个人类和社会一样，微品牌也可以随着时间的流逝而发展，与达尔文的适者生存理论完全一致。同样，全球社交社区的出现是孕育微品牌的理想模式／框架，而精明的营销人员已经在这样做了。[21]

确实，微品牌的成功案例比比皆是。苹果公司一直将其单个产品的微品牌置于整体品牌之下，而大型百货商店也取得了喜人的成果。例如，诺德斯特龙给诸如 Shoes of Prey（澳大利亚女鞋定制电商）这样的微品牌腾出空间，已经取得了积极的效果。饮料行业的微品牌营销很可能是这种相对较新的营销模式的最好例证。小啤酒厂仍然紧追安海斯－布希公司和其他大品牌的步伐，并且可口可乐和百事可乐不再像过去那样能主导饮料市场了。实际上，这些公司引入微产品使营销人员和用户之间的联系更紧密了，这表明它们在很大程度上已经接受了微品牌的理念。[22]

如果说微品牌的蓬勃发展给了我们什么收获，那就是它反映并证明了敏捷性和灵巧性不断上升的价值。在整个20世纪，规模一直是一个组织（或国家）最强大的资产，体积、重量、绝对数量都能产生力量。然而，反应迅速是另一个重要特质，反应更快的公司会根据情况及时做出调整，它们比更大的对手更有可能获胜。在地缘政治中，参与和共享已经取代了商业领域的范围和规模，成为公司必备的重要属性，推动社区建设和讲好品牌故事成为品牌存在的首要理由。创意咨询公司Brandthropologie的创始人、《大众商务：如何在共享经济中创新、合作和成功》一书的作者比利·霍华德评论道："正是这些定制的、受艺术驱动的微品牌才是未来成功的典范。"他展望了一个以"不会大而不倒，而是大而不成"为特征的时代。[23]

未来趋势16：微品牌
决策与领导力平台

含义

品牌的个性化是文化向碎片化和多元化更深程度转变的一部分。
- 这与民族国家、机构和公司的不断分裂有关。

各种类型的庞大实体正迅速丧失生存能力。

- 一种"多元"模型正在统治着商业和其他领域。

就目前而言，定位清晰、范围专一和灵活多变是主要的品牌资本。

- 品牌迫切需要在市场中独树一帜。

社区是微品牌营销的核心。

- 用户群体＝具有某种共同利益的任何规模的团体。

微品牌发展还处于早期阶段。

- 由于数十年来享有很高的知名度，大型全球品牌仍在许多行业中占主导地位。

除了特殊情况，高定位品牌更吸引用户。

- 模糊性是营销人员的头号公敌。

商机

个性化你的品牌。

- 为用户或赞助商提供一系列独特、精准的交付物。

去寻找那些被忽视的细分市场或利基受众。

- 精准定位，切勿地毯式搜索。

只打那些你有机会获胜的仗。

- 退出你的核心优势不能带来任何效益的细分市场。

使你的品牌和企业文化有弹性和适应性。

- 优胜劣汰取决于适应（并能理想地预测）变化的能力。

识别与微品牌发展轨道一致的兴趣社区。

- 产品或服务与特定人群共享激情的价值在哪儿？

创造品牌故事，就像小说或电影中的角色一样。

- 产品或服务的"英雄之旅"是什么？

未来趋势17：流动性

朝九晚五的工作像20世纪的其他主流现象一样，员工从雇主那里寻求长期职业生涯（反之亦然）正在迅速成为过去。取而代之的是自由职业者或以"零工"为基础的经济。这是对工作的重新诠释，它正在重塑全球数百万人的事业和生活。年轻人尤其被这种新形式的工作吸引，他们越来越不愿意接受父辈和祖辈那种刻板、单一雇主的模式。费萨尔·霍克在美国快公司杂志网站 fastcompany.com 上写道："由于自由职业的兴起，全球经济的新口号是流动性。"这使得我们现在所认知的就业在我们一生的多数时候可能会"难以界定"。[24]

霍克指出，自由职业者已经占美国劳动力的1/3以上，在其他国家，自由职业和创业的趋势也很明显。乌干达是经济流动的温床，泰国、巴西、喀麦隆和越南也是如此。（英国的 Approved Index 网站进行的一项调查显示，安哥拉、牙买加、博茨瓦纳、智利和菲律宾位列最具创业精神国家前十名。[25]）是什么因素推动了工作结构的这种转变？当然是数字技术，它可以帮助我们与他人互动，可以让我们不必考虑时间和空间的因素，一直工作下去。对工人而言，经济流动性意味着对生活的更大控制权和自主权,这是许多千禧一代和后千禧一代(Z世代)所珍视的资产。[26] 灵活性是雇主越来越倾向于雇用零工而非全职员工的关键原因,因为他们可以根据需要更轻松地雇用和解雇员工。

无论是独立合同工、兼职者、临时工,还是为不同雇主做各种工作的人,这些自由职业者几乎都可以适应任何企业的组织机构,这也说明了为什么他们已经成为 21 世纪劳动力的典型代表。《哈佛商业评论》将这一未来趋势标记为"超级临时工的崛起",因为专业人士要么缩小规模,要么寻求更多的独立性。幸运的是,在雇主和雇员之间找到合适的匹配变得越来越容易。例如,哈佛商学院的学生最近创立的 HourlyNerd 公司,可以在公司和人才之间建立联系,而 TaskRabbit 是一个可以将维修人员与需要某种家庭维修或保养的人员联系起来的平台。(该公司的口号是"点击几下,服务到家"。[27])

一个由超级临时工组成的世界的轨迹会导致一场工作概念的革命。罗斯福研究所和考夫曼基金会共同发布的一份报告预测,在接下来的 20 年里,一个人的职业生涯不是重复老一套,而是很可能由一长串短期项目组成,这种情况会产生很多影响。斯拉瓦·索洛基在媒体平台 medium.com 上写道:"到 2040 年,就业市场将包括兼职、组合职业和创业。"首先,我们为职业生涯做准备的方式将不得不被重新定义,建立在正规教育基础上的传统职业不再是必须被遵循的路线。索洛基认为,要想成功,个人必须在思考和规划自己的生活时更具企业家精神,这意味着我们要不断推销自己,不断界定自己的工作,并为未来的工作不断提升自己。[28]

未来趋势17:流动性
决策与领导力平台

含义

经济流动性显然是未来的工作模式。
- 这是 21 世纪弹性和灵活性优先的一部分。

至少在理论上,流动性对雇主和雇员是双赢的。
- 该模式要想在真实的世界中取得成功,还需要进行更多的计划。

对雇主和雇员而言,全球视角至关重要。
- 无论是天才还是庸才,都不存在地域界限。

更多的专业人士将选择离开美国公司朝九晚五的职位。
- 追求更大自由和独立性的婴儿潮一代将启动"再就业"职业。

在流动经济中,稳定性和可预测性等价值观将备受追捧。

- 但是，有缺陷的朝九晚五的工作可以保证高度的稳定性。

专业化是经济流动的重要组成部分。
- 复合型人才比任何领域的专家都更具竞争优势。

商机

加入流动经济。
- 雇用自由职业者，或者自己成为创业者，拥有组合型职业生涯。

在寻找人才时，要强调自制和自主。
- 自由职业的最大好处就是一切由自己掌控。

开发用于招聘的专属应用程序。
- 使用定制的平台搜寻你所在行业和机构的合格人员。

将员工训练成超级临时工。
- 因为正规教育已经成为过去式，甚至过时了，所以无法清晰地规划职业道路。

借鉴流动性理念成为一个"流动的"企业。
- 抓住新机遇，而不是依附于特定行业或类别。

采用替代性的、非线性的企业结构形式。
- 在流动性大的环境中，等级制度越来越失去效力。

未来趋势18：去中介化

商业的未来是去中介化的。

——密歇根州立大学社会科学学院院长，雷切尔·克罗松

企业的未来是否是去中介化的？我希望不是，但是考虑到越来越多的客户购买产品和服务的方式，这是完全有可能的。因为投机者和无足轻重的参与者被赶出所谓的价值链，所以当制造商或服务提供商与用户建立更直接的关系时，去中介化，即消除中间商的做法，正在席卷全球经济舞台。[29]

纵观 20 世纪 90 年代后期以来许多行业发生的情况，不言而喻的是，去中介化将继续对那些只关心自己业务的企业造成严重破坏。亚马逊通过向用户提供一站式服务，战胜了很多竞争对手，计算机行业发生了严重的亏损。现在仍然有保险代理人和经纪人，但是保险公司 Geico 已经让客户通过公司自己的系统购买保险变得很容易。随着 Hello Fresh 和 Blue Apron 这样的生鲜公司省去杂货店和批发商店等中间环节，定制食品可以直接送到客户手上，餐馆也开始感受到这种冲击。航空公司和其他营销商一旦采取行动，旅行社就真的要被淘汰了（企业客户除外），这个典型的例子，表明了互联网是如何颠覆用户行为的，其程度相当于一个多世纪前电力的发明。[30]

咨询公司 Company Founder 的保罗·莫林指出，公司若不想被甩出供应链，就要为购买流程提供附加价值。莫林说，就像当地体育用品商店一样，这样的实体零售商之所以能成功，

是因为这类企业"提供了人与人之间的接触和专业的交易，至少到目前为止，这不容易在网上被复制"。同时，定制食品营销商会通过一个引人入胜的品牌故事，告知用户为了保持健康他们应该或不应该吃什么，并通过创造（正确的）印象，让人觉得公司真的对用户的健康充满热情。他补充说，关注市场的需求对将自己与竞争对手区分开来至关重要，提供用户真正重视的利益也是如此。[31]

雷切尔·克罗松在为领英撰写的文章中列举了其他示例，以说明业务正加速走向去中介化的原因。优步和爱彼迎通过直接与用户联络的方式改变了各自的行业并树立了典范，而用苹果公司的话说，苹果电视"通过让你精确地选择你想看什么和什么时候看，解放了电视"，从而掀起了媒体行业的风暴（苹果公司的苹果支付同样扰乱了信用卡行业）。也许去中介化的最终形式是众筹平台 Kickstarter 和其他众筹网站，而这也是用户实际投资特定业务的地方。更有趣的是，公司允许人们彼此互动，但不是遵循公司与用户之间的传统（分层）关系进行互动。最后，小额信贷和同业贷款集团正在挑战银行和风险资本家在初创企业中的地位。更多证据表明，去中介化正备受关注。[32]

未来趋势18：去中介化
决策与领导力平台

含义

越来越多的行业正走向去中介化。
- 营销人员和用户之间的中间地带岌岌可危。

如果用户可以选择，那么他们倾向于与营销商建立直接关系。
- 各分层和参与者的减少可以节省金钱和时间。

要想摆脱中间商，提供附加值至关重要。
- 用户如何从直接关系中真正受益？

用户正逐步成为营销过程的一部分。
- 随着公司与个人之间的壁垒被打破，角色变得越来越混杂。

技术，尤其是移动技术，在很大程度上是去中介化的幕后推手。
- 与营销商的直接关系现在被视为常态。

包括能源在内的更多行业正朝着去中介化行进。
- 家用太阳能电池板、风车，甚至微型核反应堆越来越供不应求。

商机

去中介化或被去中介化。
- 如果你的行业尚不存在营销人员和用户的直接关系，那么这种关系很快会出现。

寻找或发明新的方法与每个客户建立一对一的关系。

- 一对一是营销的最终形式。

努力为价值链增加更多价值。
- 例如讲好故事，提供信息，待人友好，予人方便，降低价格。

通过控制用户改变传统的营销方式。
- 给予权力，而不要失去权力。

充当用户相互交流的媒介。
- 作为建立真实品牌社区的手段。

邀请用户拥有小部分业务。
- 没有比合伙建立品牌忠诚度更好的方法了。

未来趋势19：电子商务

今日问题：网上销售额占零售总额的百分比是多少？20%？30%？40%？实际上，只有8%，这个数字远远低于之前电子商务大肆宣传的数字（还有亚马逊金牌会员服务中寄送到各家的包裹的数量）。根据美国人口普查局的最新数据，在线媒体 letstalkpayments.com 评论道："这并不是一个令人瞠目结舌的数字。"该网站也觉得人们对在线零售的普遍认识大大超出了实际。[33] 人们可能会认为，大多数实体店已经走上了维珍大卖场和百视达的道路，或者很快就会走上这条路，任何想涉足传统零售业务的人都是疯子。

尽管在实体商店中买卖东西的可能性很高，但事实是电子商务正在逐渐发展，我相信电子商务会成为零售的主导形式。毕竟，电子商务与其他推动经济的未来趋势（如个性化、微品牌、去中介化和电子货币的兴起）有相同的思想基础。从2006年到2016年，电子商务增长了两倍，达到每年1 000亿美元，但这也很难改变其在零售总额中所占比重相对较低的情况。[34] 值得注意的是，电子商务不仅在增长，而且在变化，移动交易迅速赶上非移动在线交易。婴儿潮一代在电视的陪伴下长大，最伟大的一代在广播的陪伴下长大，后千禧一代将首先关注他们的智能手机、平板电脑，以及诸如购物之类的下一个小发明。随着（网络）连接成本的降低，以及越来越多的人拥有智能手机，电子商务的发展注定会大大加速。

电子商务目前正以每年约10%的速度增长（约为零售总额的3倍），但随着新产品和新服务的引入，真正意义上的大事正在酝酿中。亚马逊正以无人机快递和"试用服务"这几种方式进军新业务，迅速发展成为21世纪的西尔斯、罗巴克。商业智能预测："电子商务将成为零售业真正的未来，因为几乎所有零售行业的增长现在都发生在数字化领域。"[35]

随着越来越多的营销人员开始发展线上业务，比如贾森·特劳特建立的购物网站 ShoppinPal 和其他人所说的全渠道体验,更多人开始偏好发展电子商务。零售商的应用软件,如美国家居连锁零售商 Crate & Barrel,可以在各种移动设备和浏览器上使用,这让购物变得更加方便。零售商的目标是提供"无缝(全方位)客户体验",用户可以将购物从网上转移到实体店,反之亦然。配备苹果平板电脑的商店是真实世界和虚拟世界融合的另一种方式,像英国时尚零售商 Oasis carry 一样,它们可以给购物者想要的东西,避免在结账时排队。星巴克已经通过各种渠道将喝咖啡变成一个更简单的提议,化妆品零售商丝芙兰也因其技术支持的"我的美容包"项目而拥有了忠实的追随者。墨西哥风味快餐店 Chipotle 正在开辟无缝、多渠道的途径,将顾客最喜爱的玉米煎饼立即送到他们手中,这是未来浪潮的另一个例子。[36] 购物平台 Whoopey.com 的创始人兼首席执行官萨阿德·汗捕捉到这一未来趋势的本质,他指出:"企业不仅仅关注销售一些足够好的商品的数字商店,而且试图创造新的市场,填补未开发的领域,创造用户在浏览时可以享受的购物体验,提供 24 小时服务,并始终满足用户的总体服务期望。"[37]

未来趋势19：电子商务
决策与领导力平台

含义

电子商务的销售额目前仅占零售总额的一小部分。

- 在线业务仍处于发展的早期阶段。

传统零售将不会被电子零售取代。

- 一流的营销人员已证明两者不仅不会相互排斥，而且具有协同作用。

零售业的唯一显著增长来自电子商务。

- 电子零售商正在吸引现有购物者，并通过创新技术吸引新的购物者。

代际动态在电子商务的增长中起着重要作用。

- 随着人口的老龄化，更多的网购者将会出现。

全方位的多渠道体验正是电子商务的未来。

- 确保用户不受时间和地点限制，可以使用任何设备购物是我们的目标。

未来我们将不会区分现实世界和网络世界，这一天正在到来。

- 真实世界和虚拟现实将融合在一起，并融入日常生活。

商机

开设你的电子商店。

- 让它成为你在物质世界中的传统业务的补充。

利用新兴技术构建或扩展电子商务平台。

- 构建可供选择的订购、支付和投递系统。

在设计电子商务模式时,首先考虑潜在的用户利益。
- 购物者如何节省时间和/或金钱?

旨在让购物体验成为产品或服务存在的不可或缺的一部分。
- 同样,旅程变得比到达目的地更重要。

关注采购过程本身的差异化。
- 新的购物环境要求在各个级别都具有意义的区别点。

利用技术为用户提供更大的定制和个性化服务。
- 通过数据事先预测用户偏好。

未来趋势20:模拟化

有人说,每一种趋势都对应着一种反弹或反趋势,我由衷地同意这种观点。趋势往往以反向的方式相互抵消,没有比数字与模拟更能展现这种爱恨交织关系的例子了。可以说,我们越深入技术难题,越渴望获得只有在现实世界中才能找到的真实的、可信的感官体验。以比特和字节为单位的信息很不错,但是没有任何东西可以代替可触摸的、发自内心的和来自身体的信息。人类渴望获得各种模拟或实际体验,这是对我们生活中不断增长的技术的直接反应。模拟化是对数字宇宙入侵的强烈抵制,表现为对人文体验的渴望,它将在未来几年盛行,它将使生活介于虚拟和现实之间,如精神分裂症患者一般。

我们已经可以看到，模拟化的出现是对我们看似无休止的屏幕观看的一种反应（或者可能是一种抵抗）。在所有人中，千禧一代似乎正在推动这一未来趋势，他们有一种原始冲动，想要沉浸在另一种感觉环境中，这种冲动可能会在他们的大脑中起作用。例如，让年轻人的计算机键盘的声音听起来像一台老式打字机已经成为现实（实际上他们从未真正在 Underwood 或 Remington 上打过字），而经典的贝尔电话铃声在苹果手机的声音设置中也颇为流行。[38] 有些人认为该现象只是复古或怀旧，但我认为这不仅仅是对过去的怀念，还因为模拟化在原始层面上起了作用，它让人们想起固有认知的事物并在生理上得到印证。

你能想到的——唱片机和唱盘、胶片摄影（包括宝丽来相机），还有，信不信由你，用纸制成的书——都是模拟浪潮的一部分。随着模拟化的发展，其范围和影响会不断增大。德国之声新闻网引用亚马逊在曼哈顿开设实体书店（以及收购全食超市）的计划来证明数字世界目前发展得还远远不够，它指出"模拟从未像现在这样受欢迎"。诺基亚重新发布了其标志性的 3310 手机，这款手机最初于 2000 年亮相，展示了新手机在科技领域落伍过时的速度有多快。虽然我们的芯片设备允许我们做前几代人无法想象的事情，但显然也缺少了一些东西，而这就是模拟流行的原因。数字基本上是单一感官的，而模拟是多感官的，触觉甚至嗅觉往往是其吸引力的一部分。同点击音乐文件的下载按钮相比，拥有和播放一张黑胶唱片是一种完全不同、更感性的体验，这种触感是一切的根源。在当地咖啡馆，下次你注意观察一下有多少 20 多岁的年轻人在手写记日记，这可能是很久以来学校都没有教授的一种艺术形式了。[39] 用原声乐器创作的音乐和书法卷土重来，这让人怀疑是否会有更多中世纪的艺术形式即将出现在我们面前。[40]

没有人比《老派科技的逆袭》一书的作者大卫·赛克斯更能理解这一未来趋势。"在通往数字乌托邦的路上发生了一件有趣的事情，"他在书中写道并宣称，"即我们已经开始重新爱上那些技术专家坚持认为不再需要的商品和想法，这些商品和想法恰恰非常模拟化。"[41] 的确，尽管云彩是一种神奇的东西，但人们需要脚踏实地，才能确保所有真实的事物都有一个光明的未来。

未来趋势20：模拟化
决策与领导力平台

含义

模拟化是对入侵技术的直接回应。
- 智能设备无法满足我们对身体、感官和情感体验的需求。

层出不穷的"下一个新事物"实际上降低了我们的敏感度。
- 在数字时代，数千年沉浸于模拟世界的体验正在追赶我们。

模拟与数字之间存在共生关系。
- 关系是相互依存的，互惠互利，相互促进。

营销人员通过模拟产品，密切地关注千禧一代。
- 具有讽刺意味的是，自幼就熟悉信息技术的人最喜欢非数字事物和体验。

尤其是数字营销人员，他们最喜欢模拟机会。
- 技术人员最了解技术方面的漏洞。

时髦和媚俗是模拟化的魅力之一。
- 由于新事物转眼就会过时，所以旧事物总是比新事物更酷。

商机

开发模拟化这片沃土。
- 满足用户对真实事物的需求。

模拟化被视为从不断前进的技术中脱颖而出的一种手段。

- 就好比塞思·戈丁的"紫牛"混在了黑白花奶牛里。

重新介绍过去的标志性产品和服务。
- 包括一两年前留下文化烙印的事物。

为用户提供现代技术无法提供的感官体验。
- 视觉、听觉、嗅觉、味觉和感觉都深深地印在记忆里。

将先进技术与复古风格融合在一起,创造出有趣而独特的新旧组合。
- 使用模拟假象的数字手段。

以类似的方式吸引千禧一代和后千禧一代。
- 这几代人认为,任何来自前数字时代的东西都是陌生的、异形的,而且有点儿酷。

第3章

战略趋势

在不可避免的混乱
和动荡中共生发展

可口可乐标志性的商业设想是让世界齐声歌唱，然而在过去的半个世纪里，全球地缘政治格局仍然纷争不断。更糟糕的是，情况似乎并没有好转，这使得人们对未来的任何现实展望都显得相当悲观。尽管有一些积极的苗头：独裁专制制度瓦解、信息传递十分迅捷、人与人之间的联系越发紧密，以及保卫地球和人类的运动与日俱增，等等，但很明显，地球正在经历一系列挑战。正如托马斯·弗里德曼在其2005年的畅销书中所言，全球化非但没有成为康庄大道，反而使我们的世界变得更加不平衡和危险。当技术让我们更加紧密地联系在一起时，地球的确可能会变得越来越小，但是，其隐喻性的缩小不但没有通过同理心或共通性开创新的和平时代，反而制造出更多的混乱和动荡。

本章的10个"未来趋势"表明，摆在我们面前的地缘政治形势会更加严峻。显而易见，不稳定性和民粹主义让人类感觉摇摇欲坠，而不连续性、流氓主义和解体的趋势正在助推刚刚萌生的反政治运动。我认为，在接下来的几十年中，更多竞争者为了得到认可和争夺权力，政治活动注定会变得越发复杂和难以预测。冷战后的政治世界已经演变成一场巴别塔式的争夺注意力的斗争，这让许多人感到茫然和困惑，或者用不同的电影术语来说，越来越多的人对文化感到眩晕。虽然这令更多的人有机会发出自己的声音（从理论上讲这是一件好事），但选举外部人士并不能保证其具备良好的政治领导才能，这一点在许多国家已经得到验证。

但在许多国家的政治体系中，统治了几个世纪的政党制度很可能会被历史淘汰，这让人喜出望外。小团体集聚起来组成新的政治联盟，这是一种积极的发展，因为这有效地解决了公民关心的问题，而不是试图代表一种无所不包的意识形态（例如自由派或保守派）。在美国，由于自我定位迷失，民主党和共和党人几乎一直面临着重塑自我的挑战，这揭示出宏观政党不再反映选民对待政治的方式。信息技术正成为一种绝佳的均衡器，一个人只需要一台笔记本电脑和互联网，就可以展开一场政治运动。与生活中的其他领域一样，自上而下的事物被自下而上的事物推翻，这种颠覆不可避免。

对各个类型的企业而言，这一切的意义都是不言而喻的：商业不再是独立于政治的实体，这两个领域存在着一种日益共生的关系。（甚至有人提议将这两者进行语言上的合并，例如"政治商业"。）将来，商人在政治世界需要拥有更多流通性，而政客需要更精通商业语言。对管理者而言，更大的挑战是如何在以变化为常数的环境中预测未来事件。如果我们可以从长期的历史观点中学到什么，那就是社会的步伐在不断加快，变化的速度在惊人地提升，毫无疑问，在 21 世纪剩余的时间里，这一点都是正确的。思想领导越来越依赖于对未来有一个明确而令人信服的愿景，如此开始本章比较合适。

未来趋势21：不稳定性

当然，自古以来，世界政治就一直处于动荡之中。地球上数十亿人口以及超级武器的发展，进一步加剧了人类之间的紧张局势。期货中心预测："国家的脆弱性和意识形态冲突都有可能在未来几十年加剧不稳定性。"这种地缘政治动荡"将对全球贸易、移民、治理甚至人口增长以及人类福祉产生重要影响"。[1] 恐怖主义（包括网络上层出不穷的恐怖主义）让人们觉得世界随时可能崩塌，这只是一个促成因素，而且似乎没有任何有效的方法来解决该问题，这加深了人们总体的无助感或缺乏控制感。

确实，有数据证明地缘政治越来越不稳定。经济与和平研究所（IEP）2015年发布的报告显示，2008年至2015年，全球平均和平指数（GPI）国家得分下降了2.4%，这表明世界的确变得更加危险了。（存在"和平指数"这一事实本身就可以被视为令人不安的时代迹象，它提醒人们一定程度的国际冲突在本质上是不可避免的。）更令人不安的是，经济学和地缘政治的不稳定性存在关联。根据IEP的数据，自2008年以来，某种形式的暴力行为对全球经济的总体影响增长了15%，相当于2014年全球国内生产总值的13%以上。[2]

地缘政治动荡有多种表现形式，这让人们认为自己所处的境地越发岌岌可危。国与国之间的纷争，从不堪忍受的环境中不断逃离的难民以及动荡的金融市场，这些都是司空见惯的事情，而且美国更不愿意像以前那样扮演全球警察的角色或卷入国外的棘手局势。[3] 战后时代，人人都如坐针毡，但两个超级大国之间的冷战比我们今天看到的国际冲突的范式更为简单。似乎每一天都有另一个敌视西方的分裂集团出现，但每个团体的激进政治版本都难以被民主国家的民众理解,更不用说让他们参与战争了。此外,我们甚至很难记住哪些国家是我们的盟友,而哪些不是。因此,大多数有话语权的未来主义者都相信,在未来的20年中,地缘政治的不稳定性会加剧,这并不奇怪,因为没有证据表明相反的情况会出现。

值得称赞的是,越来越多的商人意识到,必须考虑地缘政治的不稳定性。麦肯锡全球调查的全球化报告称:"高管们比以往任何时候都更愿意相信,地缘政治和国内政治的不稳定会在未来几年影响全球商业及自身所在公司。"相较于几年前,有两倍的受访者表示这一趋势"非常重要"。麦肯锡将这种趋势称为"地缘战略风险",高管们明智地认为,这可能会对他们的企业产生负面影响。然而,只有少数受访者表示,他们正在对这些风险采取措施,他们觉得这样的阴谋超出了他们的控制范围。[4] 有鉴于此,人们就会发问,商人如何才能更好地应对这一趋势,甚至将其转变为自己的优势?

未来趋势21：不稳定性
决策与领导力平台

含义

随着地缘政治格局越来越不稳定，许多人正在经历日益强烈的文化眩晕感。
- 好人与坏人的界限，甚至是好与坏的区别都比较模糊。

人们越发感觉这是一个日益危险的世界。
- 已知和未知敌人都会带来更大的风险。

全球政治的动荡逐渐波及地方层面。
- 在更小、联系更紧密的世界中，我们无处藏身。

人们普遍渴望获得稳定和持久的感觉。
- 这反映了人类对安全感的基本需求。

瞬息万变的政治结构将鼓励人们从别处寻求指引。
- 更大范围的权力分配将允许非政治性组织展示其领导能力。

带来稳固感的产品和服务将来可能会广受欢迎。
- 稳定的品牌可以为不稳定的国家和地区代言。

商机

在日趋复杂和动荡的世界中，将行业领域称为已知实体。
- 传达可信和确定的想法。

在波涛汹涌的政治海洋中为用户提供压舱物。
- 在品牌消息传递和可交付成果中优先考虑信任、安全性和可靠性的价值。

在营销工作中避免公开表明政治立场。
- 任何形式的党派关系都是一个限制因素。

将真实和诚信奉为企业宗旨。
- 拥抱这些超越当下的政治团体的特质。

强调公司在传播方面的经验和历史。
- 讲述展现勤奋和毅力的真实故事。

将你的品牌定位为不稳定性的长期合作伙伴。
- 建立忠诚的关系,无论经济繁荣还是萧条,用户都可以依赖。

未来趋势22：民粹主义

我们来谈谈"美国特朗普"或"英国脱欧"吧。2016年的美国总统大选和后来的英国退出欧盟事件,都与公民丧失对各自政府的信心和信任有关,这种运动（民粹主义运动）具有全球性,预示着未来的政治方向。ParlGov数据库追踪了一些国家最近民粹主义候选人支持率飙升的情况,发现选民对总统候选人伯尼·桑德斯的热情也是因为民粹主义情绪。[5] 民粹主义（呼吁或支持普通百姓关心的问题）拒绝承认官方认可的政府机构,提名体制外的个人和团体担任领导职务。随着人们在个人生活中寻求获得更多的控制权,民粹主义成了宏观制度上极大地改变权力集中的一部分。一种游击式的政治模式正在篡改以官僚主义和精英主义为基础的传统结构,在当选和留任方面,局外人比专业人士拥有更多的机会。

尽管学者们对民粹主义是好是坏意见不一(历史已经证明的仇外心理倾向似乎让大多数人认为这是一种有着很大风险的危险趋势),但是人们达成这样一个共识,即在全世界越来越多的人群中,民粹主义有着某种深层次的情感共鸣。《2017年美国国家情报委员会全球趋势报告》指出,"民粹主义以怀疑和敌视精英、主流政治和老牌机构为特征","反映了对全球化经济影响的拒绝,以及对政治和经济精英对公众关切的回应的失望"。[6]也许,民粹主义最有力的方面是两党制(即它对右翼和左翼同样具有吸引力)。去政治化的政治形式确实是一种强有力的概念。

是什么推动了民粹主义,为什么在未来几年这种趋势会加剧?答案是:变化。哈佛大学的皮帕·诺里斯2016年在《华盛顿邮报》上发表文章说,民粹主义"可以被解释为西方社会对长期持续的社会变革的一种文化抵制",那些反对性别和性流动性、多样性和世俗主义的人发出了他们的声音。[7]但是,如果生活中只有一个不变的东西,那就是变化,这意味着随着传统主义者反对性别、民族、种族和宗教界限的不断模糊,民粹主义有可能变本加厉。随着机器替代更多工人,技术进步有望助长民粹主义。对心怀不满的公民而言,数字鸿沟引发的失业是他们理想的武器,他们因此把问题归咎于当权者,并寄希望于那些声称可以解决问题的超凡人物。牛津大学2013年的一项研究显示,仅美国就有近一半的工作面临自动化转型,机器人、人工智能和无人机可能会使更多人失业。[8]

考虑到未来二三十年会发生巨变,商界人士应该做好准备,迎接一个民粹主义思想和行动已成为生活事实的世界。民粹主义很可能会从政治领域蔓延到日常生活的其他领域(包括市场),这让人们都想知道它是否能够被利用以及如何被利用。随着民粹主义的发展,实力雄厚的公司可能面临被视为与普通民众的利益不同步的风险,这一主张将引发新的思维方式。

未来趋势22:民粹主义
决策与领导力平台

含义

民粹主义概念很有可能远远超出政治领域。
- "官场"在许多人看来是一种负债,而非一种资产。

大集团和大品牌是全球经济体系不可否认的一部分。

- 被民粹主义者视为老牌的精英机构存在潜在风险。

被视为"体制外"的人员和组织在此基础上能行使相当大的权力。

- 民粹主义的"平民"将成为一种日益高贵的"资产"。

无处不在的民粹主义,意味着它可能成为一种全球商业战略。

- 对普通人关心的问题的支持就像一种意识形态的世界语那样发挥着作用。

与"普通人"或"平民"在一起是一种久经考验的政治技巧。

- 民粹主义也为接触商界大众提供了难得的机会。

民粹主义走行事谨慎的路线,因为它的某些版本嵌入了仇外心理和不宽容。

- 历史表明,民粹主义可能远远达不到为人民而存在和为人民服务的程度。

商机

挖掘更多激情。

- 被视为弱者是一个令人信服的命题。

将相关品牌定位为民粹主义,以迎合用户希望与体制外的利益保持一致的愿望。

- 人民所提供的产品和服务由人民享用。

强调那些拥有辉煌过去的品牌的传统价值。

- 告诉用户"有些事情永远不会改变,这是一件好事"。

打造与众不同的品牌。

- 在反主流产品和服务的理念和信息中采用反主流价值观。

使用游击营销策略强化非精英形象。
- 优先考虑灵活性、机智性和惊喜因素，而非武力力量。

谨慎对待所有民粹主义运动。
- 使用这个概念，同时避免接触真正的政治和政治家。

未来趋势23：联盟

随着全球地缘政治分崩离析，人与人之间一种新型的关系模型应运而生。联盟（建立在跨越社会、经济和地理边界的共同意识形态基础上的伙伴关系和联盟）随着我们所熟知的政治变为历史而四处萌芽。由于技术的进步和界限的侵蚀，联盟成为更大的思想流动性的自然结果。作为利益共同体，随着粒子物理定律的应用，联盟注定会在未来蓬勃发展。该定律指出，大型物体在高速运动时往往会破裂，这是世界各地正在开始发生的事情的科学隐喻。非洲小说家钦努阿·阿契贝对此总结得最好（借用叶芝诗中的一句话）：随着时间的推移，物质分崩离析，中心无以为继，这是描述21世纪世界大事的一个好方法。

最近的政治事件可能暗示着自由派和保守派正在朝相反的方向前进，但专家们认识到，长期的趋势是联盟，有时是在看似奇怪的盟友之间。可以说，俗称的"跨党派"很可能会胜过两极化的政治气候，在诸如刑事审判、气候变化和获得医疗保健等问题上，各党派存在共同点。专家认为，即使在美国——在历史上曾存在政治分歧的国家，这种新型联盟的建设也会出现。政治改革组织新美国宣称，"人们正在设计变通方案以推行新政策，捍卫现有政策，或者仅仅是重新开放沟通渠道"，并认为"这就是美国决策的未来"。[9]

联盟代表着一个至关重要的未来趋势，不仅在美国如此，在全球也是如此。政策网络是一个国际智慧库和政治网络，其作用甚至可以相当于"未来的政党"，象征着一种新的政治形式。阶级意识的削弱和工会的衰落只是联盟崛起的两个因素，许多国家的主流政党越来越被选民视为过去的笨拙遗物。[10]最有趣的是，尽管提议中的政策改变通常是议程的一部分，但联盟其实与政治无关。准确地说，联盟是概念上的东西，它不考虑社会、经济和地理的障碍。当然，保守势力会抵制任何对其体制的挑战，因为这关系到权力与权威，但是，无论公民有多少钱或者居住在何处，更自由的思想交流和共享是未来的潮流。

对商人而言，联盟的崛起带来了重要的潜在影响。从更大的意义上讲，就如简单把政治倾向分为左、右两派是不可靠的一样，根据用户的假设价值对其进行分类的方式也越来越不可靠。政治倾向一直是对用户进行分类的主要手段，但是现在，它代表的是一种过时的分析人们喜好的方法。换句话说,传统的市场细分技术不再适用,这意味着管理者必须找寻不同的方式来观察和发现用户和顾客。一个人所属的社区越来越多地定义了其身份,并指出他可能会对哪种产品和服务感兴趣。营销人员该如何看待联盟?当联盟成为人们生活中的主导力量时,他们又该如何利用联盟的力量?

未来趋势23:联盟
决策与领导力平台

含义

日常生活的加速正在引发大型政治机构的解体。
- 任何大质量物体在高速运转的情况下都无法保持其重心。

联盟在未来将至关重要甚至可以呼风唤雨。
- 以共同思想为基础的伙伴关系和联盟力量正在增长。

普遍问题将成为联盟的主要基础。
- 这是影响全球所有公民的潜在激情点。

人口统计不再是对人群进行分类的绝佳方法。
- 共同利益胜过年龄、种族、民族等的划分。

所有营销人员必须从全球角度看待用户。

- 联盟将不计后果地跨越地理边界。

诸如收入或资产净值之类的经济指标与许多产品类别的相关性越来越小。

- 就基本商品而言，信念胜过金钱。

商机

解读全球文化气候时应依靠强大的联盟而不是政党。

- 在任何时候，群体情绪都是体现用户态度的一个更准确的指标。

将联盟视为可以与之建立联系的合法的目标受众。

- 针对成员各自的共同兴趣创建定制消息。

把联盟打造成一种品牌社区。

- 对成员认为有趣和有益的内容进行包装。

以"跨党派"的视角看待用户。

- 推广几乎人人都可以理解并一致支持的品牌价值。

成为开放沟通渠道的拥护者。

- 透明是联盟的运作方式。

支持具有普遍性的事业。

- 利用社会责任识别一大群对某个特定问题充满热情的用户。

未来趋势24：不连续性

近半个世纪前，彼得·德鲁克提到"不连续"这个词。这位商业大师在《不连续的时代》一书中指出,我们生活在"不连续的时代",社会变迁是当今时代的决定性因素。这本书于1969年首次出版,书中写道:"20世纪的最后几十年曾是一个分裂、不连续的时期,经济、政治和社会的结构和意义已经发生了根本性的改变。"书中还提到,新技术的飞跃,全球经济的转型,多元化机构的兴起以及对知识的更大依赖都是这个新时代的关键塑造者。[11] 在过去的50年里,不连续性(管理机构的突然崩溃导致不同类型的新文化形态)作为一种政治、经济和社会力量只会加剧,而且肯定会在未来几十年里继续发展。

继承了德鲁克观点的人是布鲁金斯学会印度中心的西杜。他认为,整体财富的增加、人口老龄化、气候变化、网络世界的扩大、人工智能、自动化以及更为复杂的地缘政治格局是21世纪不连续性的主要驱动力。对西杜和其他人来说,随着各种形式的分裂成为常态,"更加无序的世界"似乎是不可避免的。"黑天鹅"事件的可能性——最糟糕的情况往往会带来世界末日般的后果,比如核战争——尤其令人不安,但也反映了我们共同的未来可能会发生的一系列骚乱。在未来不连续的时代,像联合国这样的国际组织的影响力会减弱,而私营部门和地方政府会发挥更大的影响力。[12]

一个人想要更好地理解我们将要面临的潜在不连续性,只需要阅读世界经济论坛的《2017年全球风险报告》(第12版)的第一页。那一页有一张"风险－趋势互联图",该图详细(令人恐惧地)列出了5种不同类型的风险——经济、地缘政治、社会、技术和环境。该图显示,全球可能会出现许多我们不愿意见到的情形:不断加快的城市化,极端天气事件,国家解体,大规模非自愿移民,网络攻击,财政危机,权力转移,等等,其中有一个大问题(深刻的社会不稳定)像网中的蜘蛛那样不偏不倚地潜伏在中间。风险是根据可能性和影响进行评级的,极端天气事件在前一个列表中排在第一位,而在后一个列表中排名第一的是大规模毁灭性武器。世界经济论坛创始人兼执行主席克劳斯·施瓦布在该报告的序言中提到,国际社会正面临"一个不那么合作、更加封闭的世界带来的威胁",他认为我们处在历史上的"关键时刻"。[13]

对于这种令人不安的预测,商人应该如何应对?在出现这种不连续性的情况下,他们应该采取什么步骤?考虑到许多潜在事件的可能影响,将头埋在沙子里显然是一个坏主意,而列出在长期规划中需要采取的行动步骤则是明智之举。更广泛地说,简单地假设未来我们将生活在一个被严格地定义为具有不连续性的时代,而德鲁克在1969年所写的那种社会变革在未来几十年里将会加速,这是合理的。我们可以放心地假设,那些最有能力适应突发变化的组织更有可能蓬勃发展，这表明韧性和灵活性将是未来几年应具备的关键属性。

未来趋势24：不连续性
决策与领导力平台

含义

新的世界秩序出现了急转弯。
- 在可预见的未来，生活将会像疯狂的过山车那样不稳定。

不稳定性（未来趋势 21）是不连续性的根本原因。
- 地缘政治动荡与不可预测性直接相关。

技术、全球主义、多元化和知识正在推动变革。
- 这些因素与 1969 年的因素相同，但地缘政治背景却截然不同。

专家一致认为，可能会出现众多大范围的不连续性。
- 分裂是世界更加混乱的自然结果。

在避免和处理不连续性方面，企业将比多边机构拥有更大的权力。
- 随着公共部门被削弱，私营部门的实力正在增强。

敏捷性（不屈不挠和/或适应新情况的能力）将是成功的更重要的决定因素。

- 企业有责任变得更具弹性和柔韧性。

商机

在企业系统和企业文化中建立适应性机制。
- 创建战略工具,以便在不连续性突然出现时迅速改变路线。

使情景规划成为你年度计划流程的主要内容。
- 列出在"假设"情况出现时应采取的行动。

期待"一个更加互联互通、多样化的世界,而在这个世界中,信息就是力量"。
- 探索潜在的分裂是如何干扰这种范例的。

寻求可以帮助减少不连续性的负面影响的伙伴关系。
- 地方政府、公用事业和媒体将特别有用。

追求连续性,但要预期不连续性。
- 怀有最好的希望,做好最坏的打算是一种可以付诸实践的合理理念。

考虑基于不连续性概念的品牌策略。
- 事实证明,颠覆性是一种有效的营销技巧。

未来趋势25:流氓主义

在未来的 20 年中,美国将陷于解体的边缘,干旱和资源枯竭将严重破坏美国。加利福尼亚州现在是一个集权的监管州,控制着国家经济的最大份额,正处于分裂边缘。[14]

这就是《流氓国家》的摘要，该书是史蒂文·康科利广受欢迎的"破碎状态"系列小说的一部，被归为"推理类的世界末日后的惊悚小说"。然而，众所周知，事实比小说更离奇，如果当今一些令人不安的趋势沿着目前的轨迹继续发展，现实的未来会变得更加可怕。真正的流氓国家愈加频繁地在世界各地出现，至少表面上是这样的，这让人不可避免地认为，新兴地缘政治气候确实是不稳定的。

"流氓国家"（本质上是按照自己的规则行事的国家）在20世纪80年代流行起来，用以描述那些没有完全落入冷战时期的两极分化、超级大国模式的国家。威尔逊中心解释说："冷战后，'流氓国家'一词进入美国外交政策词典，指的是将恐怖主义作为国家政策工具，并试图获取大规模杀伤性武器以实现政策目标的政权。"当时"流氓国家"的核心成员包括伊拉克、利比亚、伊朗和朝鲜。[15] 1991年苏联解体后，该词开始指那些决心破坏现有世界秩序的国家（尽管比尔·克林顿更喜欢"不法之国"这个词）。

今天，"流氓国家"在全球舞台上扮演着更加重要的角色，而且随着大型理事机构的持续解体，这一趋势很可能会加速发展。然而，我认为，我们所谓的"流氓主义"，注定会远远超出政治领域，演变成一种哲学，或者更简单地说，演变成一种看待世界或接近生活的方式。流氓主义已被深深打上邪恶的烙印，这当然归因于专制政权，而其掌权者显然疯狂且独裁，只想通过玩弄强权来发挥自己的影响力。但是，就像那句话所说，"变得流氓"不一定是件坏事，而且我认为，这种想法在接下来的几十年里会像野火燎原般蔓延开来。流氓主义（表现出特立独行的行为或打破现状）实际上是一件好事，表现出独立或"不按常理出牌"而非表现得像绵羊或旅鼠，被认为是一个人独立思考和行动的标志。

商人可以从"变得流氓"的概念中学到很多（早在萨拉·佩林将该词用作她 2009 年回忆录的标题之前，这个概念就已被用来描述变得疯狂和暴力的大象）。对各种企业的管理者而言，流氓主义指的是某家公司不遵循特定行业或产品类别的规则，并且如果情况需要，它还会与大公司发生冲突，以便在竞争日益激烈的全球市场中占据一席之地。仔细想想，颠覆现有世界秩序恰恰是许多品牌正在做的或应该做的事情，几乎所有的公司都会为了获利做一点儿不法的事情。与政治一样在商界采取中间立场，以求稳扎稳打，这很可能是一个失败的策略；正是离群者和敢于冒险的人通过创新的想法和大胆的行动才取得了胜利。

未来趋势25：流氓主义
决策与领导力平台

含义

在未来，流氓主义将失去许多邪恶的内涵。
- 基于非墨守成规的新的改进版本将会出现。

民粹主义政治运动是流氓主义中一种更仁慈、更温和的形式。
- 世界各地的人似乎都厌倦了一成不变的样子。

流氓主义是一个普遍的概念，可以跨时空转换。
- 在所有社会中都能发现对现状的抵制。

按照自己的规则行事实际上是一种非常美国化的想法。
- 流氓主义反映了我们所珍视的独立、自主和自由的革命价值。

更多的个人和企业将接受流氓主义的元素。
- 非正统行为通常会带来某种竞争优势。

流氓主义是"颠覆性"商业战略中的关键要素。
- 混乱是引起人们注意的一种行之有效的方法。

商机

在你的行业或产品类别中制造一些混乱，以变得"流氓"。
- 按照另一组规则行事以吸引用户的注意力。

将合适的品牌定位或重新定位为"肆意妄为"的品牌。
- 迎合用户对坏男孩或坏女孩的幻想。

给你的商业计划和企业文化带来一些不可预测性和波动性。
- 当竞争对手转变时，你要急转弯。

与大人物发生冲突,以此发挥你的影响力。
- 你如果无法击败他们,就分散他们的注意力。

寻找机会打破常态和规律性。
- 打破现有模式并偏离预期。

在市场的边缘建立你的地盘。
- 无论何时何地,只要可能,都要避免主流、中间路线的思维和行动。

未来趋势26:电子政务

目前,哪国的政府技术最先进?美国?日本?中国?你可能不会提到爱沙尼亚,它是位于欧洲北部波罗的海地区的一个国家,曾属于苏联。虽然爱沙尼亚的人口与缅因州相当,但它却是电子政务方面的开拓者(也就是说,"利用信息技术支持政府运作和吸引公民参与,并提供政府服务",这是奥尔巴尼大学政府技术中心对这一术语的定义)。[16]爱沙尼亚人能够在线上投票,并且在报税几天后就能获得退款,这几件事是许多美国人梦寐以求的愿望。爱沙尼亚政府的网络技术是如此先进,以至一些专家把它称为新兴国家,与那些典型的公共机构看似老古董的运作方式相比,这可以说是一件相当了不起的事情。[17]

爱沙尼亚代表着政府的未来，而在世界上几乎所有的国家中，政府的数字化程度都在不断提高。根据奥尔巴尼大学政府技术中心的定义，电子政务包括4个基本领域：电子服务（"政府信息、项目和服务的电子交付"），电子民主（"利用电子通信增加公民对公共决策过程的参与"），电子商务（"为获得商品和服务的电子货币交换"），电子管理（"利用信息技术改善政府管理"）。虽然爱沙尼亚在电子政务方面遥遥领先，但其他国家、州和城市（包括纽约市及纽约市政府）也在接受电子政务概念，并且大多取得了积极成果。[18]

实现电子政务可能比其他领域需要更长的时间，但政治也在逐渐转向线上模式，它指明了政府未来的运作方式。电子政务是政府网络化的另一部分，随着越来越多的人接触数字技术，这一趋势会加速发展。一些专家称赞电子政务是一种"伟大的均衡器"，它"把权力交给人民"，正如20世纪60年代的国歌中唱的那样，最终政府将从一个"自上而下"的机构转变为"自下而上"的机构。电子政务也被认为比传统的运作模式更具"开源性"，透明和协作是这种新模式的核心。[19]政治进程的所有要素似乎都在走向网络，在人们如何当选以及他们一旦当选后会做什么这方面，社交媒体平台显然起着核心作用。

根据哈纳·弗朗西斯科和卡尔利·奥尔森的说法，电子政务始于 2004 年，当时民主党总统候选人霍华德·迪恩开通了一个博客，他在博客上直接与他的支持者交流。社交媒体在奥巴马 2008 年总统竞选中起到举足轻重的作用，在 2012 年，他通过电子邮件向支持者宣布竞选连任。脸书和推特是那次竞选活动的重要媒介，2016 年，希拉里·克林顿和唐纳德·特朗普在各自的总统竞选过程中都广泛使用了这些工具。[20] 特朗普和他的幕僚都是狂热的推特用户，当然，他们也将电子政务提升到一个全新的水平。特朗普打破了社交媒体的一条基本规则，即不与支持者互动，但不可否认，他正把电子政务引向一个有趣的新方向。电子政务显然是公共部门的未来，私营部门可以而且应当从中学习。

未来趋势26：电子政务
决策与领导力平台

含义

无论我们喜欢与否，电子政务都将到来。
- 做好准备迎接数字国家身份、奥威尔式的中央集权化，甚至是全球公民的身份。

电子政务具有明显的积极作用。
- 线上技术使常见的便利和效率得以实现。

电子政务的负面影响也很明显。
- 常见的隐私问题和线上技术的非人性化是意料之中的事。

政府和政治将越来越多地与社交媒体交织在一起。
- 公共部门正演变成一种社交网络。

电子政务最大的潜在益处：当选官员与公民之间的直接交流增多。
- 这种模式更接近"我们人民"的民主原则。

政府的传统标志将逐渐消失。
- 一些建筑物，例如州议会大厦，将变得更具象征性而非可操作性。

商机

电子化公司和品牌。
- 抓住线上模式的优势。

突出数字化的积极意义。
- 速度、用户参与和授权、关系建立和合作都是典型的例子。

消除数字化的负面影响。
- 确保不存在"机器中的幽灵"（即技术中常见的非人性化现象）。

将"电子化"视为民主的工具。
- 把技术当作出色的均衡器而非分配器。

将企业视为初创企业。
- 围绕着致力于快速增长和创新的企业风险理念建立你的整个企业。

在你的营销工作中接受"开源"的理念。
- 邀请用户帮助你的品牌规划各自的发展之旅。

未来趋势27：草根

2017年，乔舒亚·哈布尔斯基和迈克·富尔顿在《华盛顿邮报》上写道："政治的未来属于草根阶层。"这是他们在目睹公民直接参与最近的选举之后得出的合理结论。[21]在传统意义上，草根阶层（在某个组织或运动中，来自当地或者基层的参与者）被认为是政治运动的一个很好的补充，给竞选过程增加了民粹主义色彩。但现在，也许有人会说，马车正在拉着马跑，因为成千上万的选民领导示威游行，参加市政厅会议，并为他们所信任的候选人和事业付出时间和金钱。在政治中，公民的激情比个人竞选公职更重要，这种局势的扭转是称心如意的，至少从理论上讲，它赋予了公民更多权力。

草根虽然是一个相对较新的政治趋势，却是历史使然。草根激进主义是开国元勋们提出的"我们人民"这一激进概念的核心，这表明该革命性的发展已经酝酿了近两个半世纪。最重要的是，草根阶层的思考和行动不仅符合我们的民主理想，而且实际上似乎影响了政治进程、媒体报道和公众情绪，使其成为一股强大的、多党派的力量，有可能代表一种新的公民模式。哈布尔斯基和富尔顿继续说："现在，所有美国人比以往任何时候都更愿意采取行动并参与各级政府的工作。"他们认为，下一阶段会形成"有意义的渠道来发挥这一群体的影响，并运用创造性的策略最大限度地发挥他们的效力"。[22]

当然，草根政治在社交媒体时代崭露头角绝非巧合。几个世纪前，草根政治仅仅表现为一个关心政治的公民在公园或公共广场的树桩上发表演讲。演讲是最受欢迎的交流方式，也是热情但不太有效的说服方式。有了脸书和其他社交网络，现在有意参与政治的人可以与世界各地成千上万的人实时分享他们的想法，这是一种极有可能影响公众舆论的强有力方式。事实上，皮尤研究中心发现，20%的社交媒体用户会根据在网上阅读的信息，改变他们对某个特定问题的看法，17%的用户改变了对某个特定候选人竞选公职的立场。[23]社交媒体的影响已经让"立足本地，放眼世界"不再是一个时髦的口号，并将草根的主张从一群人高举标语的行为变成一场致力于维护广大人民利益的全球运动。

在更宏观的层面上，草根政治的繁荣意味着什么？它对商人意味着什么？草根不仅是一种政治哲学或策略，更是一种思维方式，反映了中央集权体制权威的瓦解。"我们人民"的理念远远超出政治范畴，毕竟这个理念唤起了民主原则，能够引导那些对其公民充满信心和信任的社会。对任何企业来说，草根都可以作为一个战略平台，在未来很好地为社会各方（员工、客户、合作伙伴和用户）服务。让人们在当地或基层参与进来，是建立稳固持久关系的不二法门——这是长期成功的基石之一。

未来趋势27：草根
决策与领导力平台

含义

草根的概念像野草一样在世界各地蔓延开来。
- 思想的传播和权力的分散是一件皆大欢喜的事情。

边界的消失以及信息和意见的轻松共享正在推动着草根阶层的发展。
- 全球化和数字化正在推进历史悠久的民主理想。

草根起源于政治，但在生活的其他许多领域也能明显看到。
- 这与自下而上而不是自上而下的意识形态的兴起潮流

是一致的。

接受草根思维和行动符合企业的最大利益。
- 体现了透明和客户至上的企业文化的积极一面。

草根事业将提供用户的态度和行为信息。
- 激情点经常引导品牌选择。

草根社区将跨越年龄、性别、种族、阶级和地理的社会和经济界限。
- 与传统的细分技术相比,这种接触用户的方式可能更好。

商机

利用草根社区的力量来完善公司的使命。
- 人们希望参与他们信任的事情。

采用能与大型草根社区成员产生共鸣的信息平台。
- 无党派交流促进个人赋权和对他人的尊重。

立足本地,放眼全球。
- 根据用户所在的不同地区表达共用价值。

邀请用户参与企业的决策过程。
- 依靠开国元勋们对"我们人民"的信念和信任进行贸易。

鼓励企业文化中的草根思维。
- 奖励那些在工作中表现得像"积极分子"的员工。

要认识到,商业的未来,就像政治一样,属于草根阶层。
- 未来几年,"品牌民粹主义"将成为一项重要的营销策略。

未来趋势28：解体

2015年，克里斯蒂亚·弗里兰在《大西洋月刊》上评论道："战后的地缘政治体系正在瓦解，尤其是对大公司来说，接下来发生的事情可能会非常不稳定。"弗里兰认为，这种未来的趋势意味着"世界的解体"。正如未来趋势21所示，随着二战后全球化和自由经济的推动，我们如同过山车般不稳定的情况越来越失控，因而地缘政治变得越来越不稳定。政治派别各方的激进主义和大规模的经济不平等只是造成这场战争结束以来的世界秩序崩溃的两个因素。爱德曼国际公关有限公司最近的一项调查显示，过去几年，人们对大型机构（包括大型企业）的信任像石头滚下山一样急剧下降，这或许是进一步分化的迹象。[24]

同样，历史有助于我们正确看待世界的变化。彼得·图尔钦在2016年出版的《不和谐时代》一书中写道，过去伟大的文明都经历了整合和解体的循环，这使得我们目前这波地缘政治动荡只是历史常规模式的一部分。罗马帝国、法兰克王国和日耳曼帝国都经历了戏剧性的起起落落。在长期和平和广泛繁荣之后，通常会出现暴力、恐怖主义、内战以及其他社会和经济不和谐的时代，换句话说，这表明今天的全球不和谐虽然令人不安，但并不是什么新现象。[25]

哪些国家最有可能解体？不出意料的话，那些穷人比例高、收入和性别不平等情况严重的国家更有可能"惹祸上身"。腐败的政府和专制是导致国家解体的另一个主要原因，越年轻的国家（一个国家存在的时间较短）越容易遭受失败。人口过多和食物匮乏是社会崩溃的其他因素，压制人权和信仰自由也带来了很大的负面影响，对此我们感同身受。根据查尔斯·W. 凯格利和香农·L. 布兰顿在他们的著作《世界政治：趋势与变革》中提出的那些标准，美国似乎可以抵抗解体。但是图尔钦将美国目前的状况和19世纪50年代的状况进行了比较——考虑到接下来发生的事情，这并不是对未来投下的信任票。[26]

所有这些与企业应该如何开展业务有什么关系？无论大小，企业都必须认识到，它们不是在真空中运营，而是要受制于它们无法控制的事件。如果我们确实生活在一个不和谐的时代（这似乎无可争辩），那么企业应该积极地尽其所能应对混乱的地缘政治。当然，情景规划只是其中的一部分，同时也需要获得更广泛的理解，即在本地层面做正确的事情以符合任何企业的最佳利益。在冷战时期，通过霸权主义实践来促进自身利益可能是一项有效的策略，但现在已不再适用。弗里兰总结道："当我们探索通往新的国内和国际秩序的道路时，成功的企业将是那些认识到商业和政治不可分割这一真理的企业。"弗里兰建议，企业不仅要制订应急计划，而且要投资"无论在哪里运营，都能获得的更大的利益"。[27]

未来趋势28：解体
决策与领导力平台

含义

解体很可能是未来的一个关键主题。
- 政治世界的分裂将加速。

全球权力争夺让人想起一个世纪前的情形。
- 战后两极模式的崩溃取决于资本主义，而非共产主义。

各种各样的大规模生产将越来越被视为一种负面影响。
- 由于两极分化的加剧，面面俱到不再可能。

商业和政治日益交织在一起。
- 自由市场资本主义是联结两者的纽带。

跨国组织有责任决定如何在不和谐时代兴旺发达。
- 全球动荡和混乱是新常态。

了解政治动向现在是管理层的职责之一。
- 现在是政治科学专业的大好时机。

商机

在不断演变的地缘政治格局中做到得心应手。
- 深入了解目前的风险密集情况和未来可能的情景。

把解体视为一种长期趋势，而不是一种反常现象。
- 很明显，我们正处于一个不和谐的历史循环中。

作为一个小组织的集合而不是一个大组织来运转。
- 避免对大型机构的信任度下降。

在企业中体现民族国家的稳固性。
- 包括经济平等和性别平等、诚实、民主、对人权的承诺。

基于公认的价值观构建企业文化。
- 其包含社区、家庭和个人三个层面。

投资"更大的利益"（公共利益而非个人利益）。
- 对当地的政治和社会氛围保持敏感。

未来趋势29：反政治

公民对传统政治程序表示不满的最极端的例子是什么？反政治，自然是对政党和选举政治的排斥。早在唐纳德·特朗普的威权主义引发混乱之前，许多人早已对主流政治及其对经济和社会格局的影响表达了不满。许多批评者认为，政治对美国式消费资本主义的培育是最严重的过错，它带来一系列社会弊病——战争和环境破坏，这只是这种恶毒意识形态的两个恶果。我们很容易忽视这种想法，认为这类想法只属于少数激进极端分子，因为他们想要推翻现有体制，建立某种集体主义（或无政府主义）社会，但这将过于简单化。实际上，从全球反政治的蓬勃发展中我们可以学到很多东西，甚至对那些主要的敌人来说也是如此。

简言之，认同反政治运动的人承认，主流政治家，无论是民主党还是共和党，自由派还是保守派，都与文化精英和金融精英（通常也属于这一群体）沆瀣一气。尽管他们声称是为公众服务的，但有人认为，这些政客实际上是为他们自己和其他像他们一样的人（即那些只对推进自己的计划感兴趣的有钱有势的人）服务的。让消费资本主义的车轮保持转动本质上就是这个计划，因为这样做可以让相对较少的领导者获得丰厚的回报，同时把大多数领导者当作游戏中的棋子。反政治的支持者明智地认为，这是个被人暗中操纵的游戏，足以让我们重新思考选举对象以及选举方式。

特别是在反政治的时候，区分"政治"和"政治化"是很重要的。那些支持反政治的人拒绝主流的党派政治体系，但他们自己却是高度政治化的（即对公共事务感兴趣）。反政治实际上是一场高度政治化的运动，一直吸引着世界上越来越多的人。这些人不再对他们各自的政府和领导抱有幻想。[28] 被认为是体制外的人在那些倾向于反政治的人中被证明是受欢迎（和民粹主义）的候选人，这不足为奇。唐纳德·特朗普（右翼）和伯尼·桑德斯（左翼）是2016年总统竞选中最明显的反政治例子，但许多其他国家也在经历类似的运动。反政治分布十分广泛，而且与相关的未来趋势相联系，因而是一种重要的政治现象，其根源在于过去和现在与种族、性别和阶层相关的不平等。

商人应该关心反政治，这不仅仅是因为他们在故事中经常扮演反面角色。与民粹主义、流氓主义和草根等未来趋势相似，反政治证明了世界上有相当数量的人感到自己被边缘化、被剥夺权利或者基本上无权无势。不仅是下层阶层，大多数中产阶层也是这样认为的，这表明，反政治的某些东西远远超出嫉妒或酸葡萄心理的范畴。政府（至少是高层）是在反对而不是支持他们，民众对此感到愤怒和沮丧，这是考量用户的一个重要因素。你的企业如何授权给用户？管理者应该扪心自问，答案可能是与用户建立多年互惠关系的关键。

未来趋势29：反政治
决策与领导力平台

含义

反政治反映出人们对大型强权机构日益增长的不满。
- 跨国公司被视为该问题的主要部分。

反政治运动并不局限于希望推翻政府的激进极端分子。
- 人们有一种广泛的情绪，认为精英正在阻挠民主的承诺。

企业不被视为统治精英的一部分或联盟，这一点至关重要。
- "局内人"容易受到那些同情反政治的人士的各种批评和攻击。

政治党派之争，无论其倾向如何，都特别危险。
- 政治，而非政治化，被认为是独裁和反民主的。

创造一个更加公正平等的竞争环境，公民并没有放弃这个希望。
- 他们相信优秀的个人和组织可以担任领导职位。

对物质主义的推崇特别危险，会引发堕落。
- 友谊、分享和爱的价值观的宣传更令人信服。

商机

在企业使命和愿景中纳入反政治的理念。
- 公平、诚实和尊重个人是其核心。

把民主原则渗透到企业的各个方面。
- 培养一种归属感，这种归属感来自比自己更厉害更美好的事物。

在企业形象中嵌入某种程度上的局外人成分。
- 人们越来越多地用负面的眼光看待当权派。

在广告和推广中强调个人赋权而不是社会地位。
- 将你的产品或服务塑造成自信、满足和联结的代理。

将你的品牌植根于集体主义（而不是自我导向）的价值观。
- 你的产品或服务是如何将人们聚在一起的？

展示良好的企业公民意识。
- 遵从 ESG（环境、社会、治理）原则。

未来趋势30：绿色环保

你觉得绿色政治是专注于个别问题，致力于环保的政党吗？你不妨再想一想。尽管预防污染、促进回收、抗议过度发展以及解决其他环境问题确实是该党的主要活动，但绿色政治实际上是一项更大的运动，涉及广泛的相关社会和经济问题。绿党成员认为，整个系统才是真正的问题所在，世界上越来越多的人正在得出这样的结论。我相信，在一个空间有限、资源有限的世界中，绿色政治将使民主党和共和党等老牌政党黯然失色，因为它代表着一个更大、更普遍的理念：拯救地球，免遭破坏。彼得·巴尼特在《绿色世界》（绿党官方杂志）上写道，"绿色政治的第一条规则是，你不能将经济体系和人类价值观与地球的健康状况分开",他明确表示,该党支持"一个激进的计划,主张对当前盛行的社会、经济和政治制度进行全面改革"。[29]

正如政治舞台上的其他未来趋势所表明的那样,几乎所有的地方党派之争都在减少,但绿党是个例外。该党从吸引各种政治倾向的人群中获益,他们的共同点是,认识到持续的经济增长不仅是对环境的威胁,也是对人类自身的威胁。一系列的问题(健康、犯罪、贫困和其他许多问题)被视为与绿党所谓的生态政治相互依存,人类与地球之间存在一种共生关系。巴尼特继续说,"绿色政治旨在重建人类活动和关系的模式,使人们开始尊重和重视他们所依赖的自然系统",该党决心为自己的事业而奋斗,直到"公平和社会正义成为社会的组成部分"。[30]

与其他党派运动一样,绿党正变得更加激进,他们认识到这是实现其崇高目标的唯一途径。气候变化给该组织注入了一种紧迫感,并成为一个中心集结点。资本主义依靠温室气体运行,因此推行"碳经济"是绿党的主要举措之一。杰迪代亚·珀迪在每日野兽网站上写道:"政治失灵和经济失灵相互强化,导致生态失灵。"他相信:"只有从宏观角度思考,我们才能拯救世界。"珀迪明确指出,只有全球共同努力才能解决气候变化问题,因为温室气体散布在整个大气层中,而不在乎它们来自哪个国家。他总结道,"我们需要一种跨越国界、跨越代际的政治",而绿党成员是扮演这一角色的理想人选。[31]

在很大程度上,作为资本家,商人有责任认真对待绿党传递的信息,哪怕只是为了更深入地理解这种趋势,而且没有迹象表明该趋势会消失。世界各地的人都认识到,消费是要付出环境代价的,因此,企业为了获得最大利益,应该接受生态政治。绿色思维和绿色行动实际上是不可战胜的,因为它吸引了所有具有社会和经济背景的用户。气候变化和其他环境问题在未来几年和几十年会变得更加严重,那些被认为是绿色的企业无疑将在用户忠诚度、品牌偏好和企业商誉方面获益。更重要的是,这是正确的做法。

未来趋势30:绿色环保
决策与领导力平台

含义

绿色不仅仅是传统意义上的环保主义。
- 生态政治现在被认为与社会和经济问题相互依存。

对有限空间和有限资源的担忧正在加剧。

- 地球上的人口越来越多，中产阶层不断壮大，消费文化不断传播，这些都在助长绿色环保。

气候变化是全球绿色政治的避雷针。
- 全球科学界的共识是，它是真实而危险的。

绿色可能是唯一真正国际化和多元文化的政治形式。
- 绿色是世界上每个人都能说的语言。

再也想不出比绿党的目标更重要的目标了。
- "拯救地球"是企业的终极使命宣言。

绿色主义和资本主义并非完全对立或相互排斥。
- 它们完全是和谐、互补和协同的。

商机

走绿色道路吧！
- 在你的企业中嵌入生态政治。

在你经营的业务中，成为一个坚定而自豪的绿色主义拥护者。
- 它是少数能与全球公民产生共鸣的事业之一。

用"绿色"作为主要的消息传递平台来展示你对这项事业的承诺。
- 成为其他企业效仿的榜样。

与绿色倡导组织合作。
- 这些组织包括塞拉俱乐部、世界野生动物基金会、大自然保护协会、地球之友等。

关注与绿色环保相关的社会和经济问题。
- 包括社会正义、基层民主、人权和自由、全球健康、贫穷以及饥饿。

在当地社区倡导绿色主义。
- 奖励基层员工的志愿服务。

第4章

社会趋势

神秘的双向力量
与新消费文化

经济与战略趋势也许是未来发展的基本要素，而社会趋势却是推动整个未来发展的润滑剂。除了经济与政治（这里也包括技术），社会同样反映了人际关系及真实的生活方式。由于未来主义添油加醋，社会趋势常常会迷失方向，因人们追逐金钱权力并痴迷于机器而遭到忽视。然而，仔细观察便可发现，社会的运作方式是通向未来的灯塔，能为商人处理短期和长期的决策及领导问题提供重要依据。同样，看似相悖的力量都在发挥作用：像全文化主义和关联性这样的趋势表明，我们变得越来越同质化，此外，地理位置实际上无关紧要，但是诸如小家庭、同居和本地化等趋势表明，人际关系和地方感比以往任何时候都更重要。

社会领域循环出现的趋势与其他类型的趋势相差无几，它们都预示着变化始终是未来的主旋律。悖论和矛盾几乎无处不在，这完全符合文化板块巨变的本质。多样和单一的融合，完美地证明了世界是如何同时朝着两个看似相反的方向发展的。对人文价值和技术进步的追求是另一个需要用二分法来解构的问题，全球化和本地化之间的奇妙动态更是如此。同样，新兴社会中的人正在受唯物主义价值观的吸引，而发达社会中的人正向后唯物主义信仰靠拢——这一点也值得深思。

这些神秘的双向力量和其他一些趋势，共同塑造了世界在可预见的未来将呈现的面貌，人们对此几乎深信不疑。例如，地球不断缩小，全球经济不断增长，我们不仅越发相互关联，而且更加密不可分。随着女性在职场上取得长足进步，性别角色也更具流动性，家庭规模正变得越来越迷你。正如未来趋势15表明的那样，世界上大部分地区的中产阶层正在发展壮大，这是我们这个时空的传奇，也更可能是企业发展的最佳机会。此外，随着收入水平低于中产阶层的亿万人口加入全球经济竞争，城市规模正在不断扩大。退一步说，尽管应对这种文化变革极具挑战性，尤其是以第2章、第3章所叙述的一些令人尤为担忧的未来趋势作为背景，但是，商人拥有一个历史性的机会去开拓新市场，实现他们设定的任何目标。

最后，经典的人口统计学在塑造未来方面举足轻重。众所周知，世界人口正在老龄化。在这种趋势下，婴儿潮一代也将迈入人生的第三个阶段，在接下来的几十年里成为社会框架的主要支柱。地球很快将被数百万老年人占据，专家据此预测大难将至，而我不敢苟同。同时，千禧一代和后千禧一代正在改变游戏规则，对他们来说，这是给他们的个人生活和职业生涯注入额外的社会元素，这是年青一代的常规操作。婴儿潮一代和千禧一代正在争夺资源，一场代际战争即将爆发，如果说有什么可以驳斥这种观点，那就是每个庞大的群体都坚定地致力于以某种方式为社会做出贡献或回馈社会。我相信，在未来的岁月里，这将是一股关键的团结力量，它将成为我们迈向未来世界过程中的福音。

未来趋势31：全文化主义

"不可阻挡的全球性趋势"是什么？campaignasia.com（国际知名营销媒体网站）撰稿人迈克·弗洛莫维茨认为，答案是多元文化主义，或者是社会中存在不同的种族和民族。人口迁徙正达到前所未有的程度，越来越多国家的文化更加多元，并且没有迹象表明这一未来趋势会逆转。我更喜欢把这种力量称为全文化主义，或者称为在国家、地区和当地社区里与日俱增的文化多样性。国际移民的数量达数亿人（没有人知道确切的数字），这大大增加了在世界各地许多城市出生的外国移民的数量。少数民族出生率提高是另一个推动全文化主义发展的主要因素。在美国，白人的比例在过去10年中有所下降，而非洲裔美国人、拉丁裔美国人和亚裔美国人的数量分别上升了22%、58%和72%。[1]美国人口普查预测，到2043年，白人将成为美国的少数族裔，其他国家的人口结构也在发生类似的转变。[2]

但人口统计学专家认为，美国（同时也暗示着其他国家）由于自身的人口构成，已经展示出跨文化的特点。科研与营销公司EthniFacts引领了这种思维方式，这种方式挑战了过于简单化的"多数"对"少数"的范式。EthniFacts拒绝接受白人"主流"而其他种族不在其列的观点。该公司令人们相信，从许多方面来看，我们现在确实处在几十年前社会科学家提出的大熔炉中。不管个人的民族身份如何，我们都应从社会的角度（例如，我们如何生活在彼此相关的多民族环境中）来看待我们的文化身份，而不是依赖于美国人口普查局所提供的数据。毕竟，生活在任意一个大城市中的个人，每天都在体验全文化主义，比如给事物起个具有文化意义的名字（语言、食物、艺术等），这比个人的历史背景更能衡量社会与个人。EthniFacts 称，在 2013 年，美国达到一个临界点，那时美国多数地区都展现出多元文化的特征，这一有趣的观点对我们如何看待民族甚至个人身份产生了重大影响。[3]

如果有人赞同这个我也赞同的理论，那么商人有必要用另一个比喻来替代"多、少"这样陈腐的比喻，而新比喻需要更准确地反映这个观点：我们大多数人（即使不是所有人）已经具备了有效的跨文化能力。EthniFacts 认为，新主流是经过重新想象的美国，"大众市场"不复存在，取而代之的是另一个市场，该市场反映并承认所有种族的用户都是新社会趋势和商业的发展之源，并需要有基于这一现实的激活策略。[4] 换句话讲，营销人员不再按种族身份把美国市场切成整齐的几块，而是基于以下推测开展工作，即我们处于跨文化社会，且未来会变得更加多元。我认为，这种方法优于切片—切块模式；作为消费各种文化体验的社会有机体，我们重于一切。实际上，有切实的例子可以证明，美国一直是跨文化国家，这正是我们与别国的区别。随着跨文化越来越流行，企业有机会以新颖的方式与用户交谈，这让人感到兴奋。

未来趋势31：全文化主义
决策与领导力平台

含义

美国和世界大部分其他地区正变得更加全文化。

- 从长远来看，文化共性可以说是最重要的未来趋势。

多元文化主义的概念在商业领域已经过时。

- 自艾森豪威尔政府以来，美国公司一直在按照民族、种族和国籍划分市场。

多数对少数的社会观念含有许多偏见。

- 这种观念假定白人是主流和准则。

多元文化主义也因其孤立人群的趋势而存在局限性。

- 没有反映出在多元社会中人们实际上是如何互动的。

全文化主义是看待社会和用户的一种更有趣、更具洞察力的方式。

- 直接承认我们都是由不同的人和文化拼凑而成的一床百衲被。

全文化主义与加速的全球化完全一致。

- 正如几十年前说的那样，整个地球正在变成一个巨大的熔炉。

商机

拥抱全文化主义。

- 以跨文化而非多元文化的角度看市场。

将美国重新想象成一个跨文化社会。

- 拒绝根据肤色或其他外部标准对人群进行分类。

假设所有的用户都在跨文化世界里工作玩耍。
- 诸如种族和民族（以及性别、年龄、能力）之类的人口划分越来越无关紧要，且方向错误。

重新选择熔炉模式。
- "凉拌沙拉"模式不具包容性，不接受社会的各种成分胡乱结合形成新口味的方式。

把用户看作是跨文化的。
- 大多数人对探索人类体验的不同维度感兴趣。

基于许多人生理上是跨文化的这个事实进行交易。
- DNA（脱氧核糖核酸）测试显示，我们大多数人是不同种族和民族的混合体。

未来趋势32：小家庭

打个比方，就像世界本身一样，全球家庭的规模正在缩小。几年前，欧睿信息咨询公司指出："未来的家庭规模会越来越小，无论是在发达国家还是在新兴国家，各地区家庭的平均子女数量都在下降。"生育率下降，工作场所中女性增多，夫妻推迟生育小孩，以及经济因素都是全球家庭规模缩小的原因。根据该公司的数据，2020年，平均每个家庭只有一个孩子，大约是1980年的一半。与此相关的是，单身人士和无子女家庭在同一时期急剧增加，几乎是40年前的两倍。[5]

在相对较短的时间内，家庭生活的这种彻底转变带来了巨大的社会负担，尤其是对企业而言。虽然家庭规模变小意味着潜在的用户将会减少，但他们将拥有更多的可支配资金，并会在人均基础上支出更多——这是经济增长的主要驱动力。更多的家庭将拥有汽车（对汽车业来说这是好消息），父母将更有可能送孩子上大学，这对教育工作者来说是一个积极的发展。营销人员应该对单身人士数量的增加感到特别欣喜，因为这一消费群体在电器、移动设备、计算机和娱乐活动等非必需品和服务上花费最多。[6] 另一方面，为儿童提供产品或服务的企业应担心市场萎缩。

自一个世纪前现代节育措施问世以来，是什么促使家庭规模发生了巨变？一方面，由于经济流动性的增强和西式社会态度和行为的传播，包括对家庭动态变化的态度和行为，全球化日益渗透到亚洲、拉丁美洲和非洲（参见未来趋势15）。西方个人主义观念是家庭规模缩小的另一个主要原因，显然，世界各地越来越多的人在寻求对自己个人和职业生活更多的控制权。此外，夫妇无力抚养孩子这个简单的原因在小家庭增加方面也起了很大的作用。世界上许多地区缓慢的经济增长和高失业率显然对计划生育产生了直接影响。[7]

美国人对小家庭这一未来趋势起着推动作用。2013年，盖洛普对美国人心目中一个家庭理想的孩子数量展开了调查，近一半受访者回答是两个，这个数字比过去几十年都要低。抚养孩子的费用是不生孩子的主要原因，考虑到抚养一个孩子的成本，这就不足为奇了。（美国农业部的数据显示，如果你正在考虑生孩子，手头最好有 25 万美元。）此外，现在的母亲比前一两代的人更有可能参加工作，这也是更多美国人希望拥有小家庭的另一个因素。现实正在反映这些社会经济因素，皮尤研究中心的报告称，1976 年生 4 个孩子的女性人数是 2014 年的 3 倍，这在很大程度上归因于第二波女权主义运动浪潮。[8] 由于社会经济运转方式的不断变化，美国和别国的家庭结构将继续被重新定义。

未来趋势32：小家庭
决策与领导力平台

含义

在全球范围内，平均家庭规模正在缩小。
- 这种趋势是长期的社会和经济因素作用的结果。

小家庭与全球中产阶层的发展壮大直接相关。

- 许多女性把事业和赚钱看得比生儿育女更重要。

渴望更多独立性和自主性在计划生育过程中发挥着更大的作用。
- 在实现个人目标和献身于他人之间保持平衡是一件很微妙的事。

性别角色的转换愈加灵活是等式的另一部分。
- 女性成为家庭经济支柱的可能性越来越大。

对大多数营销人员而言，小家庭是好消息，也是坏消息。
- 用户将会减少，但家庭可自由支配的购买力将会提高。

改变产品结构符合营销人员对儿童的最大利益。
- 一个不断下滑的细分市场，几乎没有增长的机会。

商机

适应小家庭这一现实。
- 在营销工作中，更加专注于成年人，而不是儿童。

追求在发展中国家增强可自由支配的消费能力。
- 这是一个很大的（或许是最大的）业务增长机会。

开发创新产品和服务，满足小家庭的愿望和需求。
- 更加强调质量而不是数量。

在营销传播平台上标榜西方导向的价值观。
- 家庭管理深深陷在后工业思维和实践中。

广告和企业信息传递要有独立自主的特点。
- 这是决定限制家庭规模的潜在心理基础。

以女权主义理论为原则进行交易。
- 男权体制使得女性在家庭中充当主角，现在她们已被解放出来。

未来趋势33：城市化

城市中心（Urban Hub）指出，1950年，地球上30%的人生活在城市里；一个世纪后，有70%的地球人将居住在城市环境中，这是我们地理和文化景观不可思议的转变。目前，超过50%的人认为城市是自己的家，而这是上一代人做不到的。未来几十年，随着越来越多的人流向城市寻求更好的住房、学校、医疗保健和文化服务，大部分城市化将发生在亚洲、拉丁美洲、中东和非洲的发展中国家。毫不夸张地说，这种大规模迁徙是人类历史上最重要的发展之一，也对企业如何规划自己的未来产生了重大影响。[9]

同大多数未来趋势一样，城市化也是一把双刃剑，积极、消极因素共存。大多数城里人比乡下人更有可能实现经济富裕，而且城市的生活质量确实在许多方面优于小村庄。然而，大量人口涌入有限的空间会带来很多问题，会使得城市规划者和其他城市基础设施建设者在未来几年忙得不可开交。污水处理、电力和水等基本服务的有效运行本身就是一项巨大的任务，而管理任何主要城市的交通系统都是一项艰巨的挑战。为数千万人的生活、工作和购物设计足够的空间可能是最关键的任务，这也是"垂直城市"（成千上万的人居住在非常高的建筑中）正在席卷建筑世界的原因。[10]

随着大城市的向上发展和向外扩张，它们越来越多地相互碰撞融合，形成了所谓的"特大城市"。弗若斯特沙利文咨询公司预测，到2023年，将会有30座这样的特大城市，这些城市肯定会经历高速的经济增长。当两个或多个邻近的特大城市开始融合时，其结果就是形成超大区域，即人口超过许多国家的巨大区域。举个例子，南非的约翰内斯堡和比勒陀利亚就是两个这样相互碰撞融合的特大城市，后来该地区以"约翰－陀利亚"著称。但是这还不够，快速发展的城市化进程还促成了特大通道，它们联结了超大城市或区域，而且它们本身就容纳了庞大的人口。该公司预测，到2025年，中国将有1.2亿人生活在粤港澳大湾区，而这只是全球许多快速发展的城市带之一。[11]

尽管管理特大城市环境面临着巨大的挑战，但许多企业已做好充分的准备，要把更多大城市的出现转化为资本。弗若斯特沙利文咨询公司表示："爆炸性的人口增长和城市扩张的动态转变，以及新兴经济体特大城市的经济增长，将为不同行业的企业带来各种机遇。""新兴经济体的特大城市将成为现有高端产品和技术的最大市场。"因此，未来大部分营销工作将在圣保罗、布宜诺斯艾利斯、德里、孟买、北京、上海和莫斯科等城市进行，更多面向全球的组织会将其资产和资源从北美和欧洲转移到南美洲和亚洲。[12]

未来趋势33：城市化
决策与领导力平台

含义

几千年来的城市化进程正在加速。
- 人类在本能上渴望聚集。

资源和资产只存在于现实世界，是无法替代的。
- 一些东西不可能出现在网络世界中。

城市化与新兴国家中产阶层发展并驾齐驱。
- 参与全球经济竞争和期望实现向上流动直接相关。

大城市如何运转是 21 世纪最大的挑战之一。
- 当超过 1 000 万人决定住在同一个地方时，各种各样的问题就需要被解决。

可持续发展的各个方面对特大城市的发展都至关重要。
- 愿景：相互联系，包容且环保的社区。

"智慧"也是关键。
- 城镇化需要经济、技术、治理智慧。

商机

利用城市化的大趋势。

- 企业可以为特大城市、地区和走廊的庞大需求做出哪些贡献?

将企业资源集中在南美洲和亚洲。

- 随着数以百万计的人迁往城市,这些地区的发展机会最大。

在基本服务的基础上向外延伸发展。

- 公用事业、交通运输、住房等是城市化的关键。

借鉴城市规划和基础设施的成功模式。

- 模仿那些把可持续性和智慧结合起来的城市。

将城市视为生态系统。

- 城市是活的、会呼吸的生物,需要大量关注才能生存发展。

在私营和公共部门之间建立伙伴关系。

- 企业与地方政府之间的联盟至关重要。

未来趋势34:共享居住

市场网站 marketplace.org 的莫莉·伍德宣布:"趋势警报!群居回归!"随后,她明确表示我们的衣橱不应该被扎染衬衫和嬉皮士所戴的彩色珠串填满。但与40年前相似,群居或共享居住受到20岁和30岁人群的欢迎,他们同样被社区概念、分摊费用及家务以及全天候社交机会吸引。正如许多人在职业生涯中选择在共享空间办公一样，他们也正在把自己的私生活变成集体事务。全世界许多共享公寓品牌，如 Open Door、Common、Pure House、WeLive、Roam、Podshare、Zoku 和 Lyf 正匆忙向共享居住领域进军，这些企业都意识到这是一种潜在的高利润商业模式。[13]

为何志趣相投之人（通常是技术极客、创新人士和学生）会聚集在一起？共享居住是千禧一代渴望独立、不愿被房产和抵押贷款束缚的典型例子。（大学债务——那一代人的灾难——使得许多人无论偏好如何，都无法做到这一点。）年轻人结婚的年龄比以往任何时候都要晚，这是在共享居住环境下与他人交往的另一个原因。提供共享居住服务的公司与日俱增，其中，Collective 公司的首席执行官詹姆斯·斯科特解释道："这种成年期的暂停和数字游民的兴起，导致了人们流动性的增加和安定欲望的降低。"[14]该公司最近在伦敦开设了共享式青年公寓 Old Oak，不仅为 500 多名幸运居民提供豪华公寓，公寓里还有游戏室、迷你电影院、图书馆和水疗中心。[15]赶快报名吧！

然而，更深层次的文化力量正在起作用，它意味着不管在何种配置中，共享居住都会有一个美好的未来。在后工业社会，更广泛的文化转变是获得体验而非财产，例如，更多人选择不买房子和房子里的必需物品。如果优步让人觉得拥有一辆车没有必要，网飞则意味着有线电视不再被需要，那么我们可以认为，共享居住可以让人摆脱更为沉重的债务。与城市隔绝是导致共享居住现象增多的另一个因素，因为许多人在大城市里反而感到更加孤独。[16]对那些不把社交媒体当成娱乐消遣而是当作生活方式的人来说，还有什么比在以社交为导向的生活中与他人分享生活点滴更有意义呢？[17]

在一个"现成"的社区里有家政服务和"速交朋友"，那些有经济来源（通常每月有几千美元或更多）的人会选择共享居住也就在情理之中了。十几个或更多的人会住在这个全新、更高档且有品牌标志的"黑客之家"（旧金山湾区的许多科技企业家，包括马克·扎克伯格和他的一些脸书好友，在互联网泡沫期间和之后都曾住过这里）。在理想的情况下，共享居住能给合住者带来强烈的归属感，在一些集体住宅里，大家可以共同欣赏《爱之夏》唱片，游览街心花园，参加夜间音乐会（爵士音乐即兴演奏会）。还有一些合住模式是围绕豪华公寓设计的，适合那些刚在一个新城市开始新工作的年轻人。[18]无论何种模式，共享居住都是一种很有前景的选择，它能替代我们大多数人居住的私人的、有时与世隔绝的生活空间。杂志网站

factor-tech.com 的露西·英厄姆说:"从本质上讲,共享居住场所是同一个屋檐下的小镇,但配备了更好的设施,你可以真正了解邻居,这非常有吸引力、有前景。"[19]

未来趋势34:共享居住
决策与领导力平台

含义

越来越多的人选择集体生活。
- 共享居住有各种各样的原因。

许多关于"群体"的不同表达正在兴起。
- 共享居住是千禧一代喜欢共享工作空间的另一面。

自由职业经济和共享居住是一种共生关系。
- 社区是人类体验的重要组成部分。

千禧一代更合适的称呼是"S世代",即社会化的一代。
- 社会化(比如与他人分享自己的生活)是这个群体的个人和集体身份的核心。

共享居住反映了二三十岁的人改写社会规范的天然倾向。
- 这与他们在结婚、生子、买房方面历史性地推迟是一致的。

当代年轻人在生活的方方面面都倾向于租而不是买。

- 这一代人将自由、独立、灵活置于由物质定义的社会地位之前。

商机

抓住千禧一代对共同体验的偏好。
- 社交媒体原生代天生具有在生活的各个方面进行社会性思考和行动的能力。

寻找其他机会让年轻人的生活集体化、社会化。
- 如何将每时每刻的个人体验转变为集体体验?

创造基于年轻人无归属、不安定的产品与服务。
- 采取租房而不是买房的消费模式。

从占有到体验,重新定义品牌交付物。
- 把企业提供的产品视作动词而不是名词。

以共享居住社区为目标,以吸引创新的、领先潮流的用户。
- 他们是"影响者",能够潜在地塑造人们对某个产品类别或品牌的主流看法。

重新审视反主流文化现象的其他现代解释。
- 许多千禧一代被20世纪60年代的社群主义吸引。

未来趋势35:老龄化

彼得·G.彼得森在1999年的《灰色黎明》一书中写道:"全球老龄化将成为21世纪显著的政治和经济问题。"为世界发展道路上的人口冰山敲响了警钟。这位亿万富翁警告说,随着婴儿潮一代步入老年，美国的经济和医疗体系将会崩溃，无法支撑和满足如此多老年人的需求。[20] 如今，相当多的经济学家都同意彼得森的观点，一些专家预测，婴儿潮一代和千禧一代之间，将爆发一场争夺纳税人资源的代际战争。

虽然这一世界末日般的场景目前尚无定论（我认为婴儿潮一代的老龄化实际上会创造数百万个急需的工作岗位，从而在很大程度上助力经济和社会发展），但毫无疑问，历史上人口最多的一代人的老龄化（直到千禧一代到来）将会对美国和世界大部分地区产生深远的社会、经济和政治影响。的确，我们有充分的理由认为，随着6 500万（最初是7 600万）婴儿潮一代（2017年，他们的年龄在53岁到71岁之间）一起步入老年，老龄化是当今美国最显著的社会经济趋势。每天有1万名婴儿潮一代步入65岁，这是一场前所未有的人口海啸。根据美国人口普查局的数据，到2029年，也就是最后一批婴儿潮一代将满65岁的时候，婴儿潮一代仍将超过6 100万人，约占美国预估人口的17.2%。[21]

美国和世界的老龄化几乎也对所有行业和产品类别的企业产生了重大影响。尽管集体财富和消费倾向导致市场营销人员专注于年轻人群，但婴儿潮一代仍然是市场的关键群体。根据德勤金融服务中心的数据，作为一个群体，婴儿潮一代至少会在2030年之前拥有美国最高的净资产。到2030年，婴儿潮一代的家庭净资产预计会达到44.5%，这仍然是一个令人印象深刻的数字，市场营销人员在选择产品和服务的目标时不得不将其考虑进去。[22]

同样，婴儿潮一代的购买力无论是现在还是将来都是巨大的。根据尼尔森和Boom Agers（美国代际营销咨询公司）的一份报告，婴儿潮一代约占美国总人口的1/4，但他们目前拥有美国可支配收入的70%。大约一半的快速消费品（CPG）被婴儿潮一代购买，在123种消费品类别中占了119种，营销人员因此有更多理由相信，该群体的最佳消费时代并没有结束。[23]同样，人们对老年用户的普遍成见也是没有事实根据的。毫无疑问，由于婴儿潮一代拥有可自由支配的资金且人口庞大，大多数公司都想向他们推销产品，但现在营销人员可能不知道该怎么做了，因为他们认为年长的用户可能只对老年人的产品和服务感兴趣。然而，研究表明，大多数婴儿潮一代不仅没有大幅减少消费的意愿，还一如既往地对新的品牌体验持开放态度。婴儿潮一代一生都是"专业的"用户，他们会不停地花钱，直到去了天堂里的伍德斯托克音乐节，因而，营销人员忽视晚年的婴儿潮一代是一个错误。正如我在《婴儿潮3.0》中所述，与婴儿潮一代的第三个人生阶段建立有意义的关系应该是所有商业活动的首要任务,这需要新的思维方式和另一套方法。[24]

未来趋势35:老龄化
决策与领导力平台

含义

我们有充分的理由对全球老龄化感到担忧。
- 老龄化是一个前所未有的人口事件,需要进行重大政策调整。

然而,目前还没有令人信服的证据表明经济和医疗体系会崩溃。
- 这种担忧让人想起 20 世纪 70 年代初有关人口过剩的末日预言。

婴儿潮一代还没有准备好平静地接受死亡。
- 他们生命的第三个阶段(二三十年或更多)还在后头。

人口老龄化带来的商机在很大程度上被忽略了。
- 沉迷于年轻人的营销人员正在忽视一个非常庞大、富有的用户群体。

人们对老年用户的普遍看法是无根无据的。
- 研究表明,六七十岁的人善于接受新产品和新服务。

然而,要想有效地打开婴儿潮一代的销路,需要采取不同的策略。
- 人生的第三阶段与第一、第二阶段非常不同。

商机

和婴儿潮时期出生的人交谈,要把他们当作(内心)还年轻的人。
- 告诉年长的人,年轻的定义在于做什么、感觉如何,而不是外表。

利用老年人在人生第三个阶段学习新事物的愿望。
- 不要低估婴儿潮一代对学习新事物的渴望。

将老年人视为正在完善中的作品,还可以不断接受新事物。
- 向婴儿潮一代推销时,把自己融入他们的激情。

由于智慧的文化价值在增加,因而要为老年人提供智慧之道。
- 将你的品牌定义为婴儿潮一代实现自我的机会。

随着婴儿潮一代源源不断地加入祖父母行列,要着眼于投资"祖辈经济"。
- 祖父母数量达到历史高位,且仍在增长。

与美国退休人员协会(AARP)合作,让这一合作关系成为你对婴儿潮一代营销的主要手段。
- 我们有充分的理由站在反老龄歧视最积极的支持者的一边。

未来趋势36:事业

一个人一生的评价在于他对别人产生了什么样的影响。

——前职业篮球运动员,史蒂夫·纳什

让一个人抑郁感减少、血压降低、活得更久的妙方是什么?

在他或她所信仰的事业上投入金钱和/或时间。众多研究表明，给予和志愿活动对一个人的健康有益处，因为对那些选择这样做的人来说，慷慨是快乐的重要来源。给予者不仅比不给予者更快乐、更健康，而且有更强的使命感和更高的自尊，对即将到来的慈善意外之财会感到更加兴奋。事实证明，比起把钱花在自己身上，帮助有需要的人能提供一个更大的机会去发现生活中的乐趣，这也许让我们所有人都应该质疑我们的优先顺序。[25]

许多千禧一代坚定地致力于他们所信仰的事业，这表明，倡导和行动将在我们共同的未来起着举足轻重的作用。然而，在未来的25年里，对慈善事业影响最大的将是婴儿潮一代；这代人同样占据财政资源的最大比例，而且很自然地倾向于以某种方式回馈社会。因此，世界老龄化与创造积极的社会变革的价值增加直接相关，而这或许是未来最乐观的趋势。同样，创造某种形式的历史遗产是许多婴儿潮一代的首要任务，因为越来越多的人会问自己："我如何才能被记住，又将如何被记住？"[26]

事实上，婴儿潮一代想让别人知道，他们曾在地球上生活过一段时间，并在这个过程中实现了一种合法的永生，要准确评估他们的这种兴趣并不容易。毋庸置疑，这是一种非常有价值的追求，也是一种有效延长寿命或长生不老的真正途径（相对于"抗衰老"的虚假承诺）。在 65 岁及以上的美国人中，目前有超过 90% 的人以某种方式进行了捐赠，这使得许多非营利组织因为婴儿潮一代的人数而兴奋不已。云计算提供商 Blackbaud 的一项研究发现，婴儿潮一代的捐款已经占到美国捐款总额的 43%，是迄今为止任何一代人中捐款比例最高的。[27]

无论是年轻人还是老年人，人们都有两种促成事业的主要方式：金钱和时间。虽然千禧一代在未来几十年会达到收入高峰，但毫无疑问，承担慈善重任的将是婴儿潮一代。美林证券在 2015 年进行的一项研究显示，婴儿潮一代在未来 20 年里将会向慈善机构捐赠 8 万亿美元（以金钱或时间的志愿形式），这一财富转移将重塑美国和世界的慈善格局。"婴儿潮一代以我行我素和改变世界而闻名，慈善捐助将是他们施加影响力的下一个篇章"，阿莉森·庞德在《德瑟雷特新闻》中写道，他们大多数人都"想要更近距离地参与他们所关心的事业"。[28] 我们的目标是做出真实的、可衡量的改变，取代之前完全信任非营利组织的慈善模式，让他们按照自己认为合适的方式来花钱。婴儿潮一代倾向于对慈善事业进行"投资"，而不只是捐赠，他们将自己的贡献视为"慈善风险资本"。最重要的是，个人的热情将推动慈善事业的繁荣，这是许多企业在未来与他们接触时可以参考的宝贵素材。[29]

未来趋势36：事业
决策与领导力平台

含义

各种事业的强度和投入都在增加。
- "后物质主义"社会通常将精力和资源用于创造积极的变革。

将信念和理想落实到行动上这样的愿望是行为的强大驱动力。
- 终极目标：无论如何定义，都要创造一个更美好的世界。

事业对给予者和接受者来说是双赢的。
- 这是人性最好的一面。

未来20年将是慈善事业的黄金时代。
- 历史上最富有的一代准备分享他们的财富。

创造一个更加无私的社会，千禧一代的作用必不可少。
- 同理心和理想主义是年青一代的遗传基因中天生的一部分。

一种截然不同的慈善事业将大有作为。
- 给予这种商业决策需要关注个人，而不是简单地写一张支票。

商机

把事业植入企业的遗传基因。
- 为用户提供创新的方式，让他们参与到有价值的活动中来，比如教学和指导。

现在就为历史上最大的财富转移做准备吧。

- 家喻户晓的数额估计有 30 万亿美元。

支持企业的志愿活动。
- 奖励那些花时间在相关事业上的员工。

通过为品牌的可交付成果建立慈善事业来赢得用户的忠诚。
- 事业是附加价值的主要来源。

向婴儿潮一代营销的终极话术：留下历史印记。
- 创建基金会、信托基金、慈善机构和非营利组织，以某种方式与公司使命和前景相联系。

将用户参与事业的行为视为风险投资的另一种形式。
- 这种投资和金钱一样有价值，甚至更胜一筹。

未来趋势37：女性化

2014 年，联合国副秘书长米歇尔·巴切莱特在"妇女和女童崛起"大会上宣称，"现在是女性的时代"，提出女性将在未来引领潮流。巴切莱特（曾为智利总统）指出，历史上人类文明主要由男人主宰，但现在是性别天平翻转的时候了。21世纪的妇女，最终将在世界各地获得平等权利，这样的胜利让她们得以充分发挥潜能。虽然这方面已经取得了很大进展，但仍有很长的路要走；教育、职场、管理和基本人权等方面仍然存在巨大的性别差距，这是男权持续压迫的结果。巴切莱特对观众说:"我们必须在各个层面抓住每一个机会实现妇女和女童的人权,让她们全面、平等地参与社会运转。"而更伟大的胜利,是创造一个更和平、更公正的世界。[30]

事实上,一个多世纪以来,世界上许多地方的女性化程度(即以女性为导向的特征或特点)越来越高。实际上,几十年来,一个人的"情商"作为社会货币的价值已经上升,而大男子主义(如攻击性、竞争力、冒险行为和四肢发达)越来越不受欢迎。当然,总的来说,女性看待世界的方式与男性不同,所以决策、领导的方式也不相同。更进一步说,这是一种更加女性化的观点或心态,似乎与世界发展的方式以及我们定义成绩和成就的方式更加同步。更直白地说,如果要建立合作团体或者互惠互利的伙伴关系(这些都是未来成功的主要途径),睾酮并不是理想的资产。事实胜于雄辩:一项又一项的研究表明,如果女性全面参与公司运作,公司的绩效就会提高,所以行业预测人士得出"未来是女性的"这一结论也就不足为奇了。[31]

未来的女性化趋势对那些意欲影响世界半数以上人口的商人来说尤其明显。如前所述,越来越多的女性进入全球劳动力市场,这一定会改变世界经济格局。有些人把这种发展称为"女性经济"的诞生。(例如,全球经济体系由更多拥有城市户口、受过教育、极具技术和财富的女性组成。)软件公司

intuit.com 认为："在工业化国家，在教育、经济和政治方面，女性将继续取得进步。在 2020 年，男女收入接近平等。"[32] 然而，真正的增长将再次出现在非工业化世界，因为 90% 以上首次就业的女性将来自发展中国家。[33]

拥有可支配收入的女性将增加到近 10 亿，这足以让我们重新考虑消费主义的基本要素。增长能力将不仅由地理位置来界定（例如发展中国家），也将根据性别来界定。女性将在消费上具有更大的影响力，这项进步姗姗来迟，这一趋势完全符合未来女性化的世界。

未来趋势37：女性化
决策与领导力平台

含义

世界变得越来越女性化，男性化趋势逐渐衰退。
- 女性化与发展中国家中产阶层的发展有很大关系。

妇女在全球劳动力中得到更大的认可和重视。
- 这发生在西方女权运动带来（理论上的）性别平等之后的 40 年左右。

现在是女性占据优势的时候了。
- 女性视角和个性更符合当代社会价值观。

女性化与全球化并驾齐驱。
- 性别动态的变化正在创造一个更大范围的世界。

妇女取得进步在各个层面上都是好事。
- 最好的社会和企业能够接受互补的思想和技能。

全球经济正在向"女性经济"发展。
- 还有数亿女性中产阶层即将加入。

商机

将企业和品牌女性化。
- 随着女性价值的提升,接受她们的价值观。

瞄准发展中国家的中产阶层女性。
- 目标是"女性经济"。

维护女性权利,争取完全的社会和经济平等。
- 就性别而言,这是人类历史上的重要时刻。

在面向妇女的倡议中,与领军的妇女和女童组织合作。
- 这些组织包括美国全国妇女组织、美国全国妇女商业委员会、坏女孩公司等。

为来自性别歧视泛滥国家的年轻女性提供奖学金。
- 联系对教育和妇女权利感兴趣的捐赠大户。

任命杰出的年轻女性为企业大使。
- 成功的 20 多岁的年轻人可以为全世界有抱负的女孩树立榜样。

未来趋势38：连通性

在我家附近，道明银行的一则广告上写着，"即将登场：人类银行"。这不仅仅是一个聪明的广告，更是一个针对可悲现实的广告，即与真实的人互动正变得罕见新奇。毫无疑问，科学技术是惊人的，甚至是神奇的，因为我们可以去做那些对上一代人而言还很难或不可能的事情。（还记得在20世纪90年代末，你得四处找25美分的硬币，然后用公用电话给某人打电话的场景吗？）购物就是一个很有说服力的例子。在过去，购物是一种偶遇邻居并与之交流的机会。从历史的角度看，在浏览了亚马逊或其他几千个购物网站之后，几乎所有的东西都能在几天内被送到你的家门口，这实在太不可思议了，因为直到19世纪中叶，就连一个菠萝，欧洲人或美国人都需要花费数月或数年的时间用船运进来。电子银行、线上学习和其他电子化的一切都同样了不起，它们节省了我们的时间和精力，因为我们可以在同一个地方利用网络来做所有的事情。

虽然有自动化技术和替代宇宙，但是随着技术发展的不断加速，时间和空间的征服只会升级换代。许多技术专家高兴地宣称，通过更大的连接，我们的生活将变得更简单、更便捷，我们有更多的时间去做任何事，的确如此。随着自由经济的出现，数字游牧大军的规模呈指数级增长，我们中的许多人已经不再和同事们在同一个物理空间工作。奇怪的是，就像购物一样，在传统意义上，工作一直是人们互动和形成有意义的关系的主要方式，这种关系超越了通过电子邮件甚至网络会议等途径可能形成的关系。[34]

我们真的像极客说的那样联系得更紧密了吗？我不太确定，总部位于阿姆斯特丹的partywithalocal.com网站的创始人丹·芬尼西也不确定。2017年，芬尼西在medium.com上写道："我们中有许多人在现实生活中将不再需要和其他人见面或交谈，这样的时代即将到来。"就像我对不断膨胀的数字世界的副作用有着复杂的感受，"一个拥有惊人、便捷和自动技术的未来，却缺乏现实生活中的人际关系，在我看来，这听起来相当悲哀和孤独"。他援引研究接着说，这表明我们离这样一个可怕的场景不远了。根据2016年美国银行的一项研究，1/5的千禧一代在智能设备上花费的时间多于与朋友、家人或同事在一起的时间，这一数据支持了我长期以来的观点，我认为"社交网络"会降低我们的社交能力（所以你看不到我在脸书、拼趣、照片墙、Flickring、微博客Tumblring或红迪上有账号）。[35]

那我们该如何应对不断扩张、往往非人性化的数字化？连通性，我认为这是对科技连通性的强烈反应，它肯定了一个事实：我们是社会动物，需要真正的关系才能成为快乐、满足的人。"生活中最好的经历是在现实生活中与家人、朋友和志同道合的人交际，"芬尼西总结道，他指出令人信服的一点，"人际关系是我们人类的一部分。"[36]最好的情况是，互联网能够让人们实时地在真实的空间中聚在一起，使连通性与我们在共同的未来中的科技连通性一样重要。

未来趋势38：连通性
决策与领导力平台

含义

不断发展的科技连通性让我们许多人渴望连通性。
- 没有什么可以替代真实的（相较于屏幕上的）关系。

随着"物联网"的发展，科技连通性将显著增强。
- 机器注定会相互交流。

社交网络更注重数量而不是质量。
- 这是和很多人保持超浅层联系的好方法。

连通性，与模拟化一样，是一种对数字时代势不可当的自然反应。

- 人们渴望物质上的"阴"来补充非物质上的"阳"。

人们更加认同虚拟和现实是理想的互补力量。
- 在线零售商正越来越多地将实体零售纳入其商业模式。

连通性是一种持久的人类价值,能够超越转瞬即逝的技术。
- 真实的人际关系比任何设备都强大。

商机

为企业重新注入人文关怀。
- 请记住,科技只是促进实际关系的一种工具。

利用用户对连通性的需求。
- 在现实世界中,企业如何将员工凝聚在一起?

在可测量的时间和可识别的空间建立你的品牌。
- 网络世界违背了物理的自然法则。

把"社交"放到社交网络中。
- 允许有共同爱好的用户出席公司赞助或认可的活动。

创造产品和服务,让家人和朋友聚在一起。
- 与爱的人聚会通常是生命中最难忘的经历。

把连通性作为企业或品牌形象。
- 这是一种难以击败的竞争地位。

未来趋势39:ESG(环境、社会、治理)

如何对世界上更多的人产生积极和持久的社会影响?通过

ESG投资。选择投资那些经营得很好的公司，避开那些做得不好的公司，这实际上是把钱投到自己说到做到的地方。ESG（或"使命驱动"）投资需要对非营利组织、有社会责任感的公司以及由有社会良知的企业家经营的企业提供财政支持。越来越多的人希望自己的投资与自己的价值观相符，这刺激了经过社会筛选的共同基金的发展。ESG投资不是一次性的，而是越来越多地被打包到基金中，比如摩根大通管理的湾区基金，该基金在致力于实现平均收益的同时，也在努力为低收入地区创造就业机会。[37]

ESG投资是"社会责任投资"（SRI）转型的一个例证。长期以来，对那些不想支持某些标准的"坏"企业的人来说，"社会责任投资"一直是一个极具吸引力的选择。SRI通常将"罪恶产业"，如烟草、酒精、赌博、军事装备以及对环境不敏感的公司排除在外。另一方面，ESG在投资组合设计中优先考虑选择而不是回避。ESG投资的原则不是淘汰某些行业或公司，而是选择投资那些一贯执行公司治理、对环境友好或直面重大社会问题的企业。公司治理包括透明化，披露任何潜在的冲突或不当行为，让投资者知情，并激励积极的改变。环境友好包括对自然资源最低限度地使用，对替代能源和"清洁"技术的依赖，以及认识到全球变暖是真实存在的。解决社会问题的例子有：创造更安全的工作环境，公平地对待有色人种，以进步的眼光看待女性。[38]

虽然 ESG 投资本身不是做慈善，但它是一种用自己的钱来造福社会的方式，这就解释了它在过去几年里急剧上升的原因。事实上，大多数接受尼尔森调查的人都愿意牺牲一些经济回报来换取可持续发展的产品。（从财务角度看，社会责任公司的表现是否和其他公司一样好，目前尚无定论，但大多数专家认为，统计上的差异并不大。）2012 年至 2014 年，ESG 在美国的投资从 3.74 万亿美元增加至 6.57 万亿美元，增长了 76%。目前，美国有 100 多家"可持续"共同基金，这为投资者提供了更广泛的股票和债券选择。投资者对那些减少了碳足迹的公司尤其感兴趣，这反映了人们对气候变化（比如全球变暖）的日益关注。能源消耗更少、污染排放更少的公司至少在理论上效率更高，这应该有助于提高它们的最终盈利。[39]

最重要的是，婴儿潮一代和千禧一代都热衷于支持有社会责任感的公司，这使得 ESG 投资成为有助于消除代沟的事业。2016 年，法罗斯财富管理公司的斯科特·斯坦利在领英上写道："基于价值的投资具有多代性以及广泛的吸引力，并且它越来越关注美国内部的可持续性和其他社会问题，这使得人们很容易理解在过去 10 年中这类投资需求猛增的原因。"斯科特·斯坦利与其他基金经理都看好 ESG 的未来。[40]

未来趋势39：ESG
决策与领导力平台

含义

合乎道德的投资组合选项正在增多。
- 投资者认识到，金钱是创造积极社会变革的强大动力。

为了吸引具有社会意识的投资者，越来越多的公司正在成为公民。
- ESG 正被视为做生意的必要成本。

ESG 是一种为基本无差别的金融产品和服务增加价值的手段。
- 使命驱动投资比标准风险回报模式更具吸引力。

其他产品和服务类别的 ESG 概念已经成熟。
- 任何企业都有能力承担和体现社会责任。

社会责任投资是让富人自我感觉良好的一种便捷的方法。
- 当存在很多"不富有的人"的时候，这是一种证明自己"富有"的手段。

纯粹从商业角度来看，良好的企业公民身份是一个很好的策略。
- 它支持长期观点，即做正确的事情将带来更高的利润。

商机

确保企业符合 ESG 标准，以吸引投资者。
- 遵守负责任投资原则。

将 ESG 思维融入企业和你的商业模式。
- 用户希望与社会参与型公司合作。

炫耀你在企业传播方面的 ESG 资历。
- 在全球范围内，这是一个强大的卖点和竞争优势。

企业应该任命一位 ESG 的拥护者。
- 让这个人负责引导公司走向对社会敏感的道路。

将可持续性的衡量手段作为建立 ESG 资格的最有效方法。
- 选择使用可再生能源并致力于环境健康。

使用 ESG 作为多代和多文化的营销策略。
- 它跨越年龄、性别、种族和民族等过时的人口统计学界限。

未来趋势40：本地化

作用力与反作用力同时存在，它们大小相等，方向相反，这是牛顿第三定律，但发现重力存在的牛顿可能一直在用它来谈论未来趋势。随着全球化覆盖地球的各个角落，本地化的反对力量正在消退，一场令人着迷的文化拔河比赛正在上演。例如，现在的食物通常是数十种甚至数百种不同菜系的混合，它们多由当地的食材完美地制作而成，而政治通常是全球意识形态和当地关切的融合。旅游也走上了这条路，越来越多的人对环球旅行感兴趣，但又想打破常规，在本土栖息地感受"真实"的体验，这是宏观与微观碰撞的另一个例子。

对本地特色事物和体验的渴望是对全球文化传播的直接回应。更大的互联性和世界各地的思想分享正在助长一种渴望，这种渴望对每个人而言都是不同的，可以这样说，其中大部分是由互联网推动的。网络世界的无所不在（任何人在任何地方、任何时间都可以访问）使得本土或国产的东西更有价值，因此更受追捧。我相信，邻里生活的复苏是对超全球化的另一种反应；人们需要一种地方感，这是国内和国外许多地方社区繁荣的原因。当地俱乐部在其所属城市打比赛，该城市的球迷就会意识到其俱乐部存在的意义（尤其是小熊队在芝加哥赢得2016年世界职业棒球大赛时）。所以，我对家乡球队的自豪感似乎比以往任何时候都更强烈了。

对正在规划未来的商人而言，零售业的发展为他们提供了宝贵的经验，让他们懂得了"立足本土，放眼全球"这句话。优衣库的柳井正在给员工的内部备忘录中写道："随着世界经济继续合并成一个单一的市场，所有公司将不得不考虑如何管理全球业务和本地业务的问题。"柳井正解释了时尚品牌如何采取双重战略以保持其相关性和优势。随着在全球范围内的发展壮大并成为全球时尚界的顶级品牌之一，优衣库正在结合各方努力根据当地社区的需求开设量身定制的商店。例如，在伦敦牛津街的旗舰店，当地文化的特色和引以为豪的一点是，提醒顾客身处一个真实而独特的地方，以抵消全球化带来的迷失感。优衣库的创意负责人解释说："我们的想法是拥有一个独特而相关的文化空间，将之作用于社区。"该负责人意识到，品牌在全球的存在并不能替代"做一个好公民，做一个好邻居"。[41]

其他零售商，例如耐克和露露柠檬，也在寻求标准化、商品化和通用性，以使本地商店独具特色。这些公司的高管明白一致性的好处，但是当全球业务与本地机构和人员合作时，一致性就会增加。最聪明的管理者熟知，与用户的关系是建立在个人基础上的，这意味着在地方层面上与每个人都必须建立某种有意义的联系。将整个公司系统的效率与当地分支机构的独立性和灵活性相结合，似乎是全球零售商的成功之道，这是其他企业可能会遵循的方法。[42]

未来趋势40：本地化
决策与领导力平台

含义

本地化是全球化可以预见的副产品。
- 这是趋势的乒乓效应的典型例子。

在寻求独特和有特色的东西时，消费文化越来越本土化。
- 营销人员擅长让事物看起来和感觉上熟悉和舒适，这是对他们的讽刺反击。

现在，日常生活在很大程度上被当地文化和全球文化两极化。
- 中间地带是一个黯淡无光的地方。

本地化的全文化主义的具体表达可能是令人信服的商业主张。
- 这是宏观 + 微观的双赢组合。

精明的营销者意识到本地化全球化包装的力量。
- 这是双重文化冲击。

本地化为更通用的公司计划和项目增加了急需的质感和多样性。
- 它以特殊为基础。

商机

再一次，放眼全球，立足本地。
- 细节决定成败。

将全球战略转化为本地策略。
- 提供市场定制方案和推广。

与当地企业及知名人士合作。
- 与"夏尔巴人"一起工作,他们可以在一个社区独特的文化动态中指引方向,并可以立即在当地人中建立信誉。

使用社交媒体作为草根营销的一种形式。
- 把它当成获取当地新闻和八卦的工具,更有激情的社区成员会对它产生严重依赖。

引进专家来吸引当地的狂热爱好者。
- 利用国内或国际优势。

支持民间投资和当地活动。
- 这是建立邻里关系相对便宜的方式。

第5章

科学趋势

开发生命的潜在价值

尤吉·贝拉曾说，科学今非昔比，细细品味，发人深省。学理是我初中时最痛苦的经历之一，但比起当前科学的发展和未来，这点痛苦不值一提。我当不了科学家，但我认为学理非常了不起，因为科学改变了我们的生活。本章的10个未来趋势，每一个趋势都是值得探索的冒险之旅——我们生活在科学的黄金时代，堪比文艺复兴时期。科学正在向各种新的方向发展，而许多方向都致力于发现生命的奥秘，这令人兴奋。无论是探索宇宙，还是研究人体的基因组和神经结构，科学的未来都离不开物理知识和物理学家。

科学的兴起离不开人类对世界和未来的永恒好奇。然而，现在的科学家下定决心，不仅要继续探索生命的原理，而且要利用这些知识发家致富。为国王或富有的赞助人服务已经是米开朗琪罗和达·芬奇时代的事了，当代的天才们开始成立初创企业，向亿万富翁募集风险资本。大约五千年前，科学的中心还在欧洲的某些地区，而今天的科学家却分散在世界各地。科学研究就像当代大企业，需要来自不同背景和专业的人密切合作，而创业精神也弥漫在科学追求中。科学界人士处于我们未来大部分领域的前沿，这一点他们十分清楚。

所以，这些穿着白大褂的书呆子到底在做什么？当然是在做数据的搜集和分析，这是科学的基础，但目前的趋势是解码人类基因组——人类最伟大的成就。脱氧核糖核酸是一个无穷无尽的沙盒，生物学家和其他科学家可以通过脱氧核糖核酸，用所有生物体共有的遗传物质构建新的生命形式。事实上，微观世界非常有趣；只有了解生命的基础，我们才能真正了解生命的原理，开发生命潜在的价值。另外，人脑也是许多科学家着迷的源泉，部分原因是它难以描述的复杂性，以及我们对人脑的原理知之甚少。由于气候变化、能源过度开发，地球的命运也理应得到更多的关注，这些关注对当前老龄人口的健康和福利来说是潜在的机遇。

无论如何，只有探索未知领域的人才能改变游戏规则，这一点在某种程度上使得很多科学研究成为高风险、高收益的事业。21世纪的科学家不仅热衷于挑战极限，还喜欢开拓创新，精益求精，甚至想发一笔横财。时过境迁，为了将纯研究转化为畅销的商品，科技经常被包装成一种噱头。一如既往地，前沿科学总会令人感到害怕，但因为今天人们对生命和人性问题十分慎重，我们大可不必太担心。尽管如此，各行各业的商务人士仍有许多东西需要从未来的科学中学习，我们都可以通过学习来开拓创新，不走寻常路。

未来趋势41：探索

"宇宙，最后的疆界"，这是40年前威廉·沙特纳的经典台词。如今，宇宙确实仍然是最后的疆界。虽然当时电影的设定是在23世纪的某个时候，但星际迷们现在就有了雄心勃勃的计划，探索未知新世界，寻找新生命和新文明，大胆地探索人迹罕至的地方。太空竞赛令人兴奋的日子可能已经一去不复返了，但在无人机、自我复制机器人、全息图、增强现实技术（AR）和其他科幻小说的技术手段的帮助下，一个充满探索的新时代正在到来。[1] 虽然上述科技有点儿科幻，但是探索更多未知的欲望总是超前于现在的手段，在20世纪60年代，肯尼迪总统就提出了登月计划。

事实上，2015年的电影《火星救援》描绘的场景可能并不遥远。2012年，美国国家航空航天局（NASA）的"好奇号"探测车登陆火星，开启了通过无人直升机探索这颗红色星球的重大行动。另外，美国国家航空航天局还在探索金星，其手段也许是通过一个像飞艇的气球，由另一艘宇宙飞船给气球充气。美国国家航空航天局还资助了其他项目，通过一个"自主可潜器"（类似于潜艇），去土星最大的卫星土卫六上探索充满液态碳氢化合物的海洋。美国国家航空航天局的史蒂文·奥利森说："这艘飞船将在克拉肯海的海底自主进行详细的科学考察。"此次任务旨在"让人们前所未有地了解地外海洋，扩大当前美国国家航空航天局的行星探索能力，将海上作业纳入其中"。[2] 神圣的H.G.威尔斯！

当然，不仅仅是美国国家航空航天局，私营公司的高管也热衷于太空探索，部分原因是他们相信这可以为地球上的实际应用做出贡献。维珍银河首席执行官（而且，我并不是在瞎编，他还是未来空间技术委员会的联合主席）乔治·怀特赛兹或许是终极前沿科学探索的最大支持者。怀特赛兹解释说，卫星的小型化让其性能不断提高，"分解"——将一个大目标分解成更小、更容易实现的目标——被证明是一种有效的策略。然而最重要的是，正是太空探索的全球化和企业家的兴趣，让这一科学研究变得如此热门。2017年，怀特赛兹说："我们可以通过这次机会，促进国际合作，勇于进取、开拓创新，把人类最好的一面推向未来。"他的话听起来很像肯尼迪总统（和柯克船长）。[3]

那么，未来10年或20年，太空探索的前景怎样呢？

怀特赛兹的设想不仅是将太空旅游商业化，还包括以比子弹还快的速度环绕地球旅行，以及人类在火星表面或小行星（体积太小而不能被视为行星的岩石）上的行走。他还说，除了推广探险旅行，太空探索还可能增加我们对气候学的了解，有助于创建全球宽带系统。"空间科学将继续取得巨大的进步"，怀特赛兹预测，在其他星系发现新行星和在我们自己的太阳系发现新资源都是潜在的收获。[4] 不用多说，地外生命是所有探索的终极目标，美国国家航空航天局也不例外，它打算通过具有人工智能的机器人探索太空。[5]

未来趋势41：探索
决策与领导力平台

含义

我们正处在另一个太空探索的黄金时代的风口浪尖。

第5章 | 科学趋势

- 这将是我们不断探索未知、开疆拓土的自然进化。

未来的太空探索可以说是迄今为止最雄心勃勃的科学探索。
- 它充满了探索和好奇心的永恒价值。

探索宇宙是 21 世纪的天命。
- 不只是扩张的激励，或许还有殖民主义和帝国主义。

科技协同不断形成新格局。
- 通过新工具和新方法的应用，对物质世界的研究正在被推进。

太空探索的方式仍然是广泛开放的。
- 它们类似于美国西部拓荒时期的"终极边境"。

探险活动有许多不同的玩家。
- 这是新兴全球公私合营模式的一个典型例子。

商机

探索潜在的商机是生活中最有趣的活动之一。
- 数千年来，太空一直是魅力之源，吸引着每个时代最优秀、最聪明的人才。

考虑一下进入太空探索的底层吧。
- 与各种伙伴合作，尤其是美国国家航空航天局，这有助于成功。

从科幻小说中寻找太空探索实际进展的线索。
- 对未来的创造性猜想往往比分析模型更有预见性。

发展先进空间科学技术。
- 如何让目标走得更远，如何做得更好？

利用分解的概念。

- 把不可能变为可能的好方法。

将太空探索的核心支柱融入企业文化。
- 勇于探索、奇思妙想、开拓创新、挑战极限。

未来趋势42：基因组学

在人类基因组计划（耗资 30 亿美元）完成 15 年后，随着越来越多的生物科技公司加入这一领域的竞争，基因组学正在蓬勃发展。特别是现在，基因测序一次成本仅为 1 000 美元左右，在这种情况下，商务人士正在寻找不同的方法来资本化这一历史性成就。不断发展的技术和不断增长的数据是基因组学（分子生物学的一部分，研究基因组的结构、功能、进化和绘制）成为华尔街和风投公司的宠儿的原因之一。[6]

基因组是生物体脱氧核糖核酸（这种遗传物质存在于人类和几乎所有其他生命形式中）的完整集合。从非科学的角度来说，基因组学已经是研究的终点（意味着研究动物或植物生存机理的最终理论），因而受到投资者（以及美国食品药品监督管理局和联邦贸易委员会等政府监管机构）的大量关注。随着该领域研究的展开，一场医学革命将会发生，其回报可能是巨大的。商机包括（但不限于）：根据个人独特的遗传密码定制的医疗保健；对个人倾向的未来医疗成果有更深入的了解；基因修复；先进的生物识别方法。[7] 健康医疗公司 SAP Health 的伊那石·辛格指出："未来几年全球医疗保健面临许多挑战，基因组学的研究是解决难题的关键。"他认为，从癌症的早期检测到通过基因药物治疗罕见疾病，这一切成果将很快或已经到来。最大的挑战是将数据整合到临床实践中，这使其成为许多医疗中心和专业人员关注的焦点。[8]

尽管对许多人来说，基因组学仍然是一个神秘的领域，但随着科学与市场的交叉，这种情况正在迅速改变。提供基因检测和分析服务的初创公司 23andMe 进行了大量广告宣传，让基因组学真正焕发了生机。"你是由细胞组成的"，23andMe 公司向非理学专业的学生解释道，该公司的名字来自人体中染色体的数量。即使是对自己的祖先背景十分了解的人，读到邮寄来的详细的报告（在试管中留下唾液送到实验室检测）也会兴奋不已。（原来我有 0.1% 的东亚血统，这是我脱氧核糖核酸的一小部分，但仍然有点儿神秘。）这家生物技术公司正在迅速进入健康领域，向用户提供服务，让他们能够了解自己的基因档案中有多少患阿尔茨海默病和帕金森病等疾病的风险。该公司的其他服务包括健康状况（深度睡眠、乳糖不耐受、遗传体重）和携带者状态（囊性纤维化、镰状细胞病、遗传性听力损失），这些正是未来基因组学在现实世界中的应用方式。[9]

基因编辑技术是一种先进的基因组拼接和编辑工具，它也为"医学技术"这一新兴领域指明了方向，英国有一个10万份基因组计划，该计划对大约7万名志愿者提供的基因组进行测序，以求发现癌症和罕见疾病患者的护理和治疗方法。即使是亚马逊、谷歌、IBM（国际商业机器公司）、英特尔和微软这样的科技巨头，也通过在云上提供数据分析进入了基因组领域。医疗公司Omixy的首席执行官拉维妮娅·约尼查指出："获得个性化的基因组可能会彻底改变患者看待预防医学和保健的方式。"该公司致力于通过"拍摄你身体最完整的照片"，"彻底改善体检方式"。[10]

未来趋势42：基因组学
决策与领导力平台

含义

基因组学代表了新兴科学革命的中心。
- 一种新药正在研制中。

就像从蜜蜂到蜂蜜一样，"医学技术"的资金来源多种多样。

- 判断未来趋势相对强弱的一个好方法：跟着钱走。

很难预测医药和卫生保健的未来。
- 上了年纪的婴儿潮一代对尽可能长地保持生活质量很感兴趣。

有证据表明，基因组学可以成功地商业化。
- 23andMe 公司正在开辟直接面向用户的模式。

科技参与者之间的合作和联盟是未来的趋势。
- 数据分析是研究解释的关键。

基因组学的主要障碍是隐私问题和政府监管。
- 没有一场革命是容易的。

商机

调查与基因组学相关的创业、资金或投资机会。
- 该领域不可避免地扩张（然后合并），有潜在的巨额收益。

用 23andMe 作为案例研究，证明科学可以既受欢迎又有利可图。
- 关键是将知识转化为相关的、有意义的术语。

"医学技术"交易的主要交付物：个性化。
- 我们每个人都是独一无二的，企业对这一事实如何评价？

适合该领域的第二交付物：预防。
- 企业可以做什么来帮助用户预测未来？

专注于基因组学研究的一个应用，并且大多数人都有同感。
- 这些问题包括睡眠、体重、感知问题、记忆等。

寻找你的行业和基因组学之间可能的联系。
- 你的产品或服务如何增加用户的幸福感？

未来趋势43：地球工程

众所周知，气候学是20世纪的老物件，不是吗？任何一个在雷阵雨中没有伞的人都可以告诉你，预测天气不是一门精确的科学。然而，创造天气完全是另一回事，而且随着气候变化日益引起人们的关注，越来越多的科学家正在研究这个问题。地球工程（通过技术手段调节全球气候）可能被视为下一项伟大的科学成就，堪比20世纪医疗技术的进步，后者拯救了数百万甚至数十亿人的生命。地球工程作为科学项目的备选方案之一，全球变暖引发的洪水，还有台风和干旱等更极端的天气事件，都是其越来越流行的原因。[11]

不用多说，解决几百年来向大气中排放温室气体所造成的问题并不容易。首先，我们对海洋的深度和大气的化学组成还不完全清楚，这使得任何可能的解决方案都有更多猜的成分。尽管如此，科学界还是流传着一些调整全球恒温器的想法，每个想法都有不利之处。例如，在天空中放置一个巨大的防太阳屏障确实会使气候变冷，但可能会在世界某些地区引发洪水和干旱。为了促进浮游植物的生长，向海洋中倾倒大量的尿素营养物或氮肥，理论上会吸收空气中的二氧化碳，但同时可能引发有毒的水华，这对海洋生物来说可能是灾难性的。陆基解决方案也在流行，但存在重大潜在风险。[12]

尽管与大自然母亲开玩笑可能会导致类似好莱坞灾难电影般的场景，但是科学家仍在继续研究如何拯救地球，以免受进一步全球变暖的影响。从天然气转向风能和太阳能仍然是缓解气候变化的主要手段，但一些科学家认为，如果真正的生态噩梦即将来临，那么我们应该做好准备。到目前为止，最大的地球工程研究是哈佛大学的一个科学家小组计划在未来几年向地球的上层大气注入"少量"气溶胶（最初是水，然后是石灰岩化合物），研究太阳能是否可以解决气候变化。该项目旨在模拟火山喷发使空气冷却的方式，这项测试看起来不像现在能想到的更疯狂的方法那么极端。[13]

比起目前面对的问题，哈佛大学的实验只是沧海一粟，幸好科学家没有沉迷于让唱反调者相信全球变暖是真实的。或许最重要的是，曾经处于边缘地位的地球工程正从理论走向实践，这吸引了商人的兴趣。例如，这个哈佛项目的主要资助者之一比尔及梅琳达·盖茨基金会对航空航天业的商业前景感到好奇。[14] 因为该领域的专家都在思考这样的问题：谁应该负责地球气候系统，如果遇到紧急情况，我们应该怎么办？所以，地球工程将继续成为全球科学界的主流，许多潜在的机会都将随着地球工程的发展在未来几十年纷至沓来。

未来趋势43：地球工程
决策与领导力平台

含义

地球工程的利害关系不能再大了。
- 无论如何，拯救地球都值得努力。

地球工程学正沿着其他科学分支发展。
- 首先研究，然后预测，最后改变。

和基因组学（未来趋势42）一样，地球工程也处于早期阶段。
- 类似于一个世纪前的疫苗接种或原子能。

地球工程的任何努力都是全球性的。
- 每个人都受到气候变化和水位上升的影响。

巨额资金也可能受到威胁。
- 地球工程是多方的交会点，他们在阻止全球变暖方面有着既得利益。

一些最优秀、最聪明（和最富有）的人之所以被这个领域吸引，是因为该项目具有巨大的风险和收益。

- 这些都是值得相处的好人和好机构。

商机

加入拯救世界免于灭绝的终极任务。
- 没有比这更伟大的使命了。

通过整合资源,进入你的行业的下一阶段。
- 选择一个比学习甚至预测更高级的追求。

地球工程的大胆和雄心鼓舞人心。
- 一群经过挑选的科学家真的在向群星进发。

为抗击全球变暖尽自己的一份力。
- 通过使用替代能源和其他绿色战略,为减缓气候变化做贡献。

游说所有国家和公司寻找减少或消除温室气体的方法。
- 让地球工程成为不必要的存在。

实施自己的备用计划。
- 预测可能发生的情况,看看最坏的情况是否会影响企业。

未来趋势44:长寿

管理咨询网站 focusingfuture.com 写道,科学家正试图找出延长人体寿命的方法,"长寿将是 21 世纪最严峻的挑战之一"。在过去的几个世纪里,众多因素(主要是现代医学的兴起）已经延长了人类的平均寿命，但有些人相信，平均寿命还可以延长几十年甚至更长时间。阿尔伯特·爱因斯坦医学院的研究员认为，按照人体目前的结构，人类最多能活 125 年，当然，目前没有人能活那么久。那么，怎样才能在平均寿命上再加 50 年呢？寿命研究专家对此感到疑惑，但他们明智地认为，治愈传染病和慢性疾病的新方法最具潜力。[15]

然而，尽管这条路根植于 20 世纪久经考验的、惊人的科学成就，但并不排除存在另一条可能同样带来惊人发现的道路。一些人认为，仿生学和合成生物学等新兴领域可能会延长数十年寿命，寿命的指数级飞跃是可能的，不必慢慢爬行至 125 岁或耗时更久。正如基因组学使修改脱氧核糖核酸成为可能，这也许可以重写游戏规则。focusingfuture.com 继续写道，随着新细胞的生成，以及生物打印的潜在方法能够在旧的身体器官损坏时培育替代器官，"对生命源代码本身的调整允许人类通过各种方式延长生命"。如未来趋势 50 所示，用机械部件换掉身体部件是另一种可能大幅延长寿命的方法，这也鼓舞了研究人员，他们希望突破就在眼前。[16]

要想更好地了解长寿的未来，旧金山湾区的巴克研究所是最佳的地方。该研究所致力于研究各种延长寿命、改善健康状况的方法，不仅能延长寿命，还能改善健康状况，即满足数量

（自然寿命）和质量（健康寿命）的双重指标。密歇根大学、得克萨斯大学和加州大学旧金山分校的研究人员也在研究延缓衰老过程的方法，梅奥诊所也是如此。同样，谷歌以数十亿美元的资金加入这场竞争，成立了加州生命公司，该公司致力于延年益寿，但很少披露其工作。生物技术企业家克雷格·文特尔也已经进入"抗衰老"领域。[17]

考虑到科学家甚至还不知道我们衰老的确切原因（一个执意自我毁灭的有机体违背了生物学的生存原则），我们所有人成为百岁老人的梦想仍然飘忽不定。寻找青春之泉有着漫长而平淡的历史，当然，人们有确凿的证据对现代庞塞·德·莱昂斯的努力持合理的怀疑态度。此外，延长人类寿命与延长菌类、虫类或鼠类的寿命有很大不同，然而还是会有更多人把寿命研究视为口袋里有闲钱的富人的"科学糖果"。但是，与科学领域的其他伟大事业一样，试图让人类的寿命更长、生活得更好被视为一种非常值得探索的崇高追求。即使它不会引起该领域的人们乌托邦式的憧憬，也值得探索。新型科学有望解答生命本身的一些谜题，人类长达数个世纪的抗衰老战斗将在未来逐步升级。

未来趋势44：长寿

决策与领导力平台

含义

延长寿命是人类文明中一个永恒的主题。
- 它是神话和科学的重要内容。

迄今为止的徒劳尝试，使人们对未来的努力产生合理的怀疑。
- 生活中的一些奥秘可能是人类无法理解的。

在长寿领域工作的研究人员并没有被前辈那些不太令人印象深刻的成就吓倒。
- 新一代科学家正在使用新的工具和技术。

长寿与基因组学、生物学的其他革命性分支直接相关。
- 在人类基因组的解码中，我们仍有许多东西要学习。

和自然寿命相比，与健康寿命相关的学问更重要、更具价值。
- 生活质量比生命数量更重要。

努力大幅延长人类寿命会出现各种各样的伦理道德问题。
- 我们真的想活到 125 岁吗？

商机

迎接 21 世纪最严峻的挑战之一。
- 科学的前沿理想与人类尽量延长寿命的永恒追求完美契合。

考虑对长寿研究进行投资。
- 大型且精明的企业也在做同样的事情。

与当今一些精英科学家交往。

- 企业可以为长寿派对带来什么？

为许多长寿的人做长期的可能性计划。
- 企业可以满足高龄健硕人群的何种愿望和需求？

创建自己的"抗衰老"产品或服务。
- 如何增加人们的健康寿命？

避开那些承诺延缓或逆转衰老过程的"抗衰老"方法。
- 除了激进的卡路里限制，其他方法都是无效的。

未来趋势45：纳米科学

纳米科学——对物体、结构和材料的纳米（十亿分之一）级研究——已经存在了二十多年，但是直到最近，该领域的研究才有成果。纳米科学及其应用范围更广的同类纳米技术正在改变众多不同的社会领域，包括食品安全、能源、运输、医药和国土安全等。在超微观层次上，设计材料的组成是赋予产品某些性能的理想手段，这使得纳米科学成为未来一个十分有潜力的领域。强度、轻便性和耐用性等属性在市场上非常受欢迎，这也是纳米材料在服装、电子产品、汽车、家用和个人护理产品以及许多其他产品中脱颖而出的原因。物联网（物体之间的数据交换）也严重依赖于纳米科学，这使得我们更有理由相信，随着机器之间的交流越来越多，这一领域会在未来发展壮大。[18]

加州大学洛杉矶分校（UCLA）的一组研究人员对纳米科学在未来 10 年内的发展方式以及该领域的知识将如何转化成新技术有着敏锐的感觉。在医学领域，纳米粒子也许能够精确定位身体感染疾病的特定部位，在那里它们会释放出强大的药物来对抗细菌和病毒。（这种情况让人不禁想起 1966 年的电影《神奇的旅程》，一艘载有船员的潜水艇被缩小到微观尺寸，并被注入受伤的科学家体内以挽救他的生命。）他们认为，纳米科学进一步发展可能会带来更有效的治疗阿尔茨海默病和帕金森病及关节炎的方法，纳米级粒子与人体协同作用破坏肿瘤细胞，也可能产生抗击癌症的新方法。[19]

价值 5 000 亿美元的微电子行业同样对纳米科学在数据处理和存储方面的潜力感到兴奋，能源行业也看到通过提高可持续性和效率可以获得的巨大收益。目前，水和空气都通过纳米技术净化，但是在全球范围内，该领域仍有很大的增长空间。在食品生产中，纳米传感器可以被植入产品的设计，以检测污染或变质，这样人们在食用后就不会生病。或许纳米科学最大的优势是其应用的广泛性和跨学科的方法。和许多未来趋势一样，纳米科学是一项需要合作的活动，来自不同学术背景的人们共同努力推动该领域向前发展。加州大学洛杉矶分校团队成员保罗·韦斯表示:"该领域的贡献将远远超出我们迄今为止所探索的纳米级世界。"他认为,这是发现纳米科学和纳米技术的时代。[20]

科学家的确对纳米的潜在用途进行了深入思考。三家卡弗里纳米科学研究所的工作人员设想,通过纳米设计,诸如瞬间移动和隐形斗篷这样的事物有一天可能会成为现实。他们认为,在人工光合作用、量子计算和超快速基因组分析方面取得的进展,即使不像《星际迷航》演的那样,至少同样令人印象深刻。卡弗里纳米研究所的保罗·阿利维萨托斯评论道:"我希望人们在回想这一时刻时,会觉得它非常特殊,因为就是在这时纳米科学开始改变我们看待世界的方式。"他将该领域描述为,"像一场运动,一种思想和将事物结合在一起的新方式"。[21]

未来趋势45:纳米科学
决策与领导力平台

含义

"小"正在为众多行业带来新的可能性。
- 未来是"下一件小事",而非"下一件大事"。

新的科学发现转化为应用技术通常需要一代人的时间。
- 纳米产品和技术很快将充斥市场。

实际上，任何东西都可以变得更强硬，更轻巧，更耐用，从而更具实用性。
- 制造业正在发生一场革命

纳米科学的能力不仅超出外行人的理解，也超出该领域专家的理解。
- 该领域的大部分内容仍停留在科学的未知领域。

纳米科学正从跨文化和跨学科中受益。
- 这些是不同但互补的思维方式。

纳米科学领域能够为社会做出的贡献真实、可衡量。
- 任何真正创新的事物，通常都会有危险和风险。

商机

往小处想。
- 所有事物的相对能力似乎都存在于超微设计中。

纳米科学越来越商业化，值得投资。
- 卓越的规格、特性和效益＝竞争优势。

将神经科学模型应用于你自己的行业。
- 自下而上而非自上而下地工作，以提高可持续性和效率。

实现你以纳米科学的方式设定的企业目标。
- 瞄准微观而非宏观的机遇领域。

在你的行业中采取跨文化、跨学科的方法。
- 跨界连接是突破创新和成功的主要手段。

将你的业务视为一场需要新思维方式的运动。
- 更崇高的使命可以成为自我实现的预言。

未来趋势46：神经科学

虽然太空领域可能是最终的前沿研究，但神经科学代表着对人类大脑的探索，是同样令人兴奋的尝试，充满了许多未知。神经科学不仅研究大脑的结构和功能，还研究神经系统（人体中最复杂的网络）的结构和功能。可以说，我们所知道的神经科学已经以这样或那样的形式存在了大约半个世纪，当时自动化推进了20世纪40年代斯金纳的著名实验，该实验研究了有机体的行为方式和原因。[22] 如今，神经科学要求扎实地掌握分子生物化学、认知心理学，以及出色的计算能力，使之成为更具挑战性的开发领域之一。[23]

然而，如今，了解人类思维的运作方式比以往任何时候都更重要，部分原因是阿尔茨海默病的发病率一直在上升，以及医生致力于更有效地治疗癫痫和自闭症等其他脑部疾病。虽然时间紧迫，但要在神经科学领域取得重大进展却困难重重，原因很简单：大脑本来就十分复杂。即使是神经系统的正常流动，也类似于纽约中央车站高峰时段的交通，信息流同时涌向四面八方。（人脑中约有860亿个神经元。）绘制大脑的认知地理图，记录大脑在告诉身体其他部位该做什么时的持续活动，以及确定我们大脑中的细胞类型,这些都是神经科学家关注的目标。此外,人与机器之间的界限变得越来越模糊,人工智能正逐步涉足神经科学领域。[24]

像其他宏大的事业一样,神经科学研究也得益于一些非常富有的捐助者的慷慨解囊。(微软的联合创始人保罗·艾伦资助艾伦脑科学研究所 5 亿美元。)[25] "大数据"是一种通过计算机算法分析大量信息的统计形式,通常需要大笔资金。现在,许多行业的公司已经使用大数据将模式和相关性转化为利润。但是最近,神经科学家正依靠它来获取"对脑功能的动态理解",美国国立卫生研究院的弗朗西斯·柯林斯如是说。和其他科学领域一样,搜集海量数据是相对容易的部分;然而,分析数据完全是另一回事,这使之成为未来神经科学的首要任务。[26]

此外,就像其他尚未制定规则的领域一样,重大伦理问题也围绕着神经科学的潜在成就。例如,提高一个人的认知能力能被接受吗?这在未来有可能吗?如何修改一个人的记忆?或者,读取某人的思想能被接受吗?神经科学研究应该带来这种能力吗?神经伦理学家(是的,有这样的职位)正在思考这些问题,因为该领域进入了陌生的地带。[27] 尽管存在这样的伦理困惑,但毫无疑问,神经科学在我们的未来将发挥更重要的作用。探索大脑的结构和使大脑运转的生物学是一项特权,许多人都会受其吸引。巴哈尔·格里珀尔在美国生命科学网上写道:"科学家对大脑了解得越多,问题就越多,而探索理解人类思维也就更具挑战性。"这是一种非常好的描述神经科学可能性的方式,神经科学的可能性令人振奋。[28]

未来趋势46:神经科学
决策与领导力平台

含义

人脑在很大程度上仍是个谜。
- 关于思考方式及为何采取行动,我们仍有很多东西需要学习。

神经科学是一个复杂且具有挑战性的领域。
- 研究大脑不适合胆小的人。

神经科学被赋予了新的紧迫性。
- 阿尔茨海默病已经成为常见病,而且在接下来的几十年中,随着婴儿潮一代年龄的增长,该病发病率将急剧上升。

神经科学正在逐渐脱离神经技术。
- 研究将应用于开发人工智能驱动的智能机器。

富有的技术慈善家正在支持神经科学研究。
- 对在信息行业发家致富的亿万富翁来说,这是自然而然的。

将数据转化为有用的发现是神经科学的下一个重大步骤。
- 如何以及应该如何利用研究来造福个人和社会?

商机

将神经科学研究的学问应用到你的行业中。
- 思考和行动(决策和领导力的基础)是所有企业的根基。

将心理学理论与经验科学相结合,可以更好地理解人类思维的运作方式。
- 西格蒙德·弗洛伊德在创立精神分析学前,曾是一名神经学家。

围绕数百万衰老大脑寻找机会。
- 哪些产品和服务可以帮助提升婴儿潮一代的认知能力?

使(对抗)脑部疾病成为贵企业的慈善事业。
- 一场针对阿尔茨海默病的战争即将打响。

在你选择的机构赞助一个神经科学的教授席位。
- 这是与一些重量级人物一起发展该领域的好方法。

探索人工智能的相关可能性。
- 无论我们是否需要,智能机器都会到来。

未来趋势47：可再生能源

全球能源行业在过去10年发生的一切都备受关注。我相信，未来的历史学家将把2016年的《巴黎协定》视为具有里程碑意义的事件，因为它不仅关乎能源，更关乎国际事务，我相信，各国会齐聚一堂共同应对自然环境问题。根据《2017年可再生能源全球期货报告》，如今，风能或太阳能等可再生能源（使用时永不枯竭的能源）占欧盟所有新能源系统的86%。在所有国家中，中国在推动可再生能源发展方面发挥着领导作用。此外，投入可再生能源的资金，有一半以上流向了发展中国家的新兴市场，这也是不久之前还很难预料的事情。[29]

尽管特朗普决定退出该协议，但21世纪可再生能源政策网络（REN21）发布的报告显示，"人们已达成共识，我们需要从根本上重新考虑我们生产和消耗能源的方式"，最终的目标是防止更加严重的全球变暖。REN21（一个可再生能源政策制定者的全球网络）断言，为了实现这一目标，能源行业必须向完全脱碳的方向迈进，考虑到参与者的数量和各自的利益，这无疑是一个重大挑战。不过，该组织相信，通过公共和私营部门的合作，到21世纪中叶实现100%的可再生能源利用是完全可能的。[30]

特朗普退出《巴黎协定》的决定令人瞠目结舌，不仅因为尼加拉瓜和叙利亚是唯一没有签署该协定的两个国家，还因为美国有可能达成 REN21 的目标，即到 2050 年实现完全脱碳。最近一项美国国家可再生能源实验室或 NREL（美国能源部的一部分）的研究报道称，到 21 世纪中叶，可再生能源可以提供 80% 的电力，其中约有 50% 的电力来自太阳能和风能，而剩下的来自水电、地热和生物能。重要的是，可再生能源将能够满足由大西洋岸至太平洋岸全天候的电力需求，当然前提是能源行业和电力行业都支持这种发展。NREL 指出："最终，美国需要一个长期的清洁能源政策，为可再生能源创造一个可持续市场，鼓励和支持可再生能源的整合，为碳排放定价，并增加研发资金。"而其他国家已经在采取这些措施了。[31]

人们如果把眼光放在纽约州，就会看到这个国家和其他地方的能源前景。纽约州在清洁能源领域投资 50 亿美元建设下一代能源网，州政府官员相信，这一举措不仅会减少空气中的碳含量，还会带来更多的就业机会。加利福尼亚州、夏威夷和马萨诸塞州也在向可再生能源领域进军，但纽约正在改变能源行业的基本面，长期以来，这种基本面鼓励公用事业公司尽可能多地兜售电力。通过以各种方式对公用事业公司转向清洁电网提供财政奖励,加利福尼亚州正在成为吸引能源初创企业的磁石,并创造了多种就业机会。纽约州正在用实践证明,可再生能源可以形成双赢局面,这一观点必将成为主流。[32]

未来趋势47:可再生能源
决策与领导力平台

含义

可再生能源将主宰未来和现在。
- 有远见的国家正在逐步转换电网。

各国实际上已经达成共识,认为碳基能源是过去的遗留物。
- 全球科学界一致认为,地球已经升温。

明智的投资转向了可再生能源。
- 公共和私营部门都将转型过程视为机遇而非成本。

公共事业公司需要财政激励措施来改变现状。
- 利润压力促成短期思维。

各式各样的可再生能源是一大优势。
- 不同地区需要不同能源。

美国的政策有待赶上可再生能源科学和技术的步伐。
- 公用事业游说者和政府官僚机构抵制变革。

商机

做可再生能源的拥护者。
- 数十万科学家对气候变化的危险判断失误,这是极不可能的。

将碳排放协议视为展示全球公民精神的机会。
- 各个国家团结起来才有力量。

游说地方、州和联邦官员制定有利于可再生能源的能源政策。
- 当自下而上和自上而下的力量一起发挥作用时,变革就会加速。

在学校学习纽约州培育创新文化的方法。
- 环保是一项很有价值的事业,但金钱掌握了话语权。

将企业的能源系统升级为可再生能源结构。
- 把企业打造成所在行业和所在州最环保的公司之一。

鼓励员工和公众投资可再生能源。
- 为部分使用太阳能的人提供折扣或优惠(或简单认可)。

未来趋势48:可持续性

联合国教育、科学及文化组织写道:"环境变化推动社会转型。"并正确地论证,全球变暖、生物多样性减少、淡水缺乏、废物管理不善、土壤退化和空气污染等负面力量对人们的实际生活产生了深刻影响。该组织继续指出,同样,"社会转型推动环境变化",人们消费的物品和消费方式会对生活质量产生直接影响。由于上述原因，可持续性科学（研究物理、生物和社会系统之间的关系，以促进积极的变化）正在如火如荼地展开。[33] 尽管可持续性科学是一个相对较新的领域，但随着决策者努力应对地球上的许多环境和社会挑战，它将成为一个越发重要的领域。该领域是人文科学和社会科学的跨学科融合，美国有100多所学院和大学为热衷于可持续发展相关职业的学生提供了课程。[34]

将模糊的可持续性概念变成一门学科本身就是一项成就。可持续发展科学的目标确实十分大胆：让科学研究和教育更直接地解决世界上的复杂问题，或为此寻找潜在的解决方案。从历史上看，科学家倾向于待在自己的学科和专业领域内，而且往往更喜欢待在舒适的学术界范围内，而不是试图面对现实世界中貌似无法解决的问题。这种情况随着可持续性科学的发展而迅速改变，因为从业人员不仅要面临环境问题，还要应对与贫穷和冲突有关的问题。[35]

创造一种新的科学形式来解决世界上最复杂的问题，这种想法的确十分大胆。但是大学和资助机构日益要求科学家的工作在应用方面有所关联并能发挥效用。换句话说，研究不应该只是为了研究，而应该以某种方式为社会做出贡献。毕竟，大部分资金来自纳税人的口袋，这使得这样的要求听起来理所当然。然而，可持续性科学追求的是池塘里的大鱼，部分原因是研究人员承诺与那些在日常生活中受严重问题影响最大的人面对面交流。"可持续性科学项目必须跨学科，以增加其研究能力的范围，适用于现实问题，同时有益于探索科学，并融入社会"，马萨诸塞大学安姆斯特分校的本杰明·P. 沃纳解释道，他认为，该领域无异于"学术界的可取之处"。[36]

哈佛大学肯尼迪政府学院的可持续发展科学项目是这个领域的主要模型，它解释了该领域是什么，以及为什么它代表了科学史上一个真正的转折点。该计划的宏伟使命是，通过"增进对人类环境系统的科学理解，改善研究和政策团体之间的联系，以及增强将知识与行动联系起来以促进可持续发展的能力"，来"促进共享繁荣和减少贫困，同时保护环境"。该领域不仅吸引了来自不同背景的人，而且支持源自环境和发展的交叉点的多种倡议，因而拥有众多支持者和充分的存在理由。我们期待问题驱动的研究在未来将席卷科学界和学术界。[37]

未来趋势48：可持续性
决策与领导力平台

含义

可持续性是科学和其他领域的一个重要概念。
- 人类与地球的关系日益受到关注。

可持续发展领域不仅涉及环境问题，还涉及经济后果。
- 它阐明了世界上更为复杂的问题相互关联的本质。

可持续性科学正在学术界、政府和商界获得认可，这是可以理解的。
- 它处于众多学科的十字路口，在范围上具有全球性。

历史显示，实践性一直是科学和学术界的革命性思想。
- 可持续发展的紧迫性正在撼动象牙塔。

实践者并不害怕进入众所周知的战壕。
- 他们关注的是真实的人的真实问题。

目标和问题驱动的倡议将获得最大的资金支持。
- 相关性比以往任何时候都更重要。

商机

在企业的生态系统中植入可持续发展的概念。
- 将环境责任、经济公平和和平纳入公司章程。

在你的目标和战略中注入可持续性，努力实现积极的社会转型。
- 帮助世界变得更好，同时实现公司目标。

从可持续发展科学家对规则的扭曲（或打破）中汲取灵感。

- 直面你所在行业最复杂的问题。

采用实际的、目的型的基本理念来解决问题。
- 优先考虑可衡量的结果。

在企业任命一位 CSO。
- CSO 指的是首席可持续发展官。

多接触你行业之外且和你有相似目标的人。
- 从互补的思维中可以获得协同效应。

未来趋势49：人工合成

加州大学伯克利分校的杰伊·基斯林表示，合成生物学是"未来的研究领域"，他解释了为什么这门特殊的科学在未来的几年里会更加为人所知和受到赏识。在过去的一二十年里，合成生物学通过基因革命来合成和测序脱氧核糖核酸，已用于制造新的有机体。像大多数未来的科学趋势一样，人工合成采取了多学科的方法，不仅有生物学家，还有软件开发人员、工程师和其他人员，他们联合起来把不同的基因成分转变为功能性的东西。合成生物学的出现是科学家宣称我们正处于"生物经济"（即由生物科学发现驱动的经济）尖端的原因之一。[38]

这门新科学的应用范围确实十分广泛。例如，在医学领域，合成生物学正用于制造能在肿瘤自杀前消灭它们的微生物，就像神风特攻队飞行员完成任务那样。这门科学在环境方面也有应用，有机体能够消除土壤或水中有毒、耐分解的化学物质。合成生物学也很可能在粮食生产方面取得重大进展，因为研究人员已经找到方法来改变植物的化学成分，使肥料不再是种植作物的必需品。通过把大肠杆菌这样的细菌变成微生物的血汗工厂，大量的生物燃料就可以被廉价地生产出来，这也是科学界越来越多的人倾向于合成材料的另一个原因。基斯林指出，"我们设想，最终我们将能够从生物学中构建任何东西"，而考虑到这一领域的基础是构建生命本身，这就不足为奇了。[39]

市场营销人员已经开始利用科学家改造细菌、酵母菌和其他细胞的能力，制造出某种程度上优于传统工厂或自然生产的产品。例如，波士顿生物科技公司 Gingko Bioworks 正在对酵母菌进行重新编程，为香水行业生产不同品种的玫瑰油，从而制造出前所未有的独特气味。[40] 与此同时，日本生物材料公司 Spiber Inc. 对细菌进行了重新设计，以生产出更结实、更轻盈的蜘蛛丝，用以制作抵御严寒的服装。苏黎世联邦理工学院的科学家正在给细胞"布线"，用生物医学传感器制造电路。这些"活药丸"不仅能识别血液中的疾病区域，还能释放出具有愈合作用的物质，防止进一步的损伤。麻省理工学院的合成生物学家克里斯托弗·福格特评价说："生物学给了我们一个巨大而疯狂的信息库,以供我们选择。"我们可以从来自 10 万个生物体的 1.9 亿条脱氧核糖核酸序列中进行选择。[41]

毋庸讳言,创造新的生命形式让科学家既兴奋又担心合成生物学的未来。哈佛大学的科学历史学家索菲娅·罗斯在《合成:生命是如何形成的》一书中提出,究竟是什么构成了有机体,或者是什么定义了一个物种,这些都是有待讨论的问题。合成生物学家实际上控制了进化的过程,在任何层面上,生命的再造都是一个激进(而且可怕)的命题。但罗斯提醒我们,在 20 世纪 70 年代早期的脱氧核糖核酸研究中,有些人担心科学家会通过干预生命物质"扮演上帝的角色"。同样,她预测,在这个过程中,合成生物学将很快被视为"生物工程的常规性方法",并且"变得不那么令人惊讶,而且在生命科学中传播得更细微"。[42]

未来趋势49:人工合成
决策与领导力平台

含义

合成生物学正在重塑进化的过程。

- 众所周知，合成生物学正在改变生活的基础。

人工合成是在人类基因组测序的基础上发展起来的一门新兴科学。

- 在数十年的基因研究里，合成生命将是可预见的发展方向。

人工合成的前景吸引了更多来自传统分子生物学和其他领域的科学家。

- 潜在的应用似乎是无限的。

市场对人工合成的接受程度越来越高。

- 一种以生物科学为基础的"生物经济"正在形成。

许多初创企业打算通过基因工程"改善"自然环境。

- 当从细胞层面开始时，所有的可能性都是可行的。

人们担忧戏弄了自然母亲，这是可以理解的。

- 在合成生物学方面没有真正的先例。

商机

在你的业务中利用人工合成的概念。

- 创造合成的、定制的产品，这些产品在某些方面优于自然存在的东西。

在蓬勃发展的生物经济中占据一席之地。

- 通过生物科学，真正的创新和突破日益成为可能。

寻找基于遗传学革命的新机会。

- 脱氧核糖核酸测序还能做什么？

考虑将风险资金投入生物科学或生物技术领域。

- 人工合成显然是一个"未来的领域"。

将来自不同学科和背景的人组成一个团队。
- 伟大的想法存在于其他不可见的联系中。

在你自己的行业挑战传统的做事方式。
- 如果创造新的生命形式是可能的，那么任何事物都是可能的。

未来趋势50：超人类主义

"你准备好迎接超人类主义的未来了吗？"赫芬顿邮报的一位博主询问佐尔坦·伊斯特万，然后告诉读者他们最好已做好准备。当然，尽管当前的超人类主义与即将到来的情况相比是微不足道的，但是超越我们身体生物学的能力已经具备。随着非人类元素与我们身体的结合，夜视隐形眼镜、能够举起冰箱的假肢，以及可以告诉别人你在想什么的大脑植入物都呼之欲出。例如，脑电图（EEG）传感器可以检测到大脑的活动，然后通过神念科技公司的脑波设备 MindWave 进行传送，曾经甚至还有一些成功的心灵感应或心灵交流的例子。[43]

然而，在医学领域，超人类主义可能会最大限度地物尽其用。"初步研究显示，在人的大脑中安装微芯片可以帮助重建人的记忆，这可能是向阿尔茨海默病宣战的一种主要武器。"伊斯特万继续说，随着假肢和机器人植入物成为新兴领域的基于科学的"激进技术"的一部分,"蓬勃发展的人机合一的医疗产业正在为价值万亿美元的市场搭建舞台,这将重塑人类的体验"。[44] 正如在人工合成科学中一样,由于我们身体的自我边界在扩大,超人类主义使得人类的定义变得不那么清晰。虽然超人类主义已经以某种形式存在很长一段时间了(药物、维生素、助听器、心脏起搏器、髋关节和膝关节置换术可以被视为人类的非人性化),但能增强或扩展我们的认知和感觉能力的新科学时代正在到来。[45]

同基于科学的激进技术一样,智能药物或益智药预示着超人类主义的未来。自从第一个在嚼咖啡豆时发现自己说话速度大大加快的人出现以来,某种形式的化学物质就被用来改变或增强我们的思想和身体的表现。我们可能仍然会在早上喝浓缩咖啡来提神,但新一代的药物和补充剂,包括天然的和合成的,可能有一天会像星巴克一样无处不在。益智药(可以提高认知能力的物质)作为一种帮助我们的大脑更好更快地处理信息的手段,已经受到火热追捧。益智药的爱好者(他们中的许多人生活在痴迷于科技的硅谷)为了优化自己的认知能力,会喝一种由这类物质调制的鸡尾酒,而我们中的很多人可能很快就会这样做。常见的益智药包括鱼油、肌酸和茶氨酸(一种在绿茶中被发现的氨基酸),而更奇特的是一种叫"racetams"

的药物。[46]

吃下益智药，我们有可能会变成2011年的电影《永无止境》中布莱德利·库珀饰演的角色吃下魔法药丸后的那种天才吗？几乎不会。支持者明确表示，益智药发挥作用是循序渐进的，而不是立竿见影的，它可能会使认知能力提高10%，特别是与注意力、机敏度和转换能力有关的认知能力。但无论如何定义，如果再增加10%的智力或生产力就有可能转败为胜的话，就可以激励很多人参与其中。益智药背后的神经科学目前还有待明确，但该领域的进展无疑会让人们更好地了解益智药物能否以及如何发挥作用。[47]随着大型制药公司寻找赚钱的新机会，益智药有望发展成一个合法的领域。

未来趋势50：超人类主义
决策与领导力平台

含义

人类注定要超越他们的自然生物学。
- 通过化学物质和设备改变我们身体内部和外部的想法由来已久。

激进技术在市场上找到了真正的应用。
- 科学正在被用于发展增强体质甚至类似超人的技术。

超人类主义主要关注的是大脑,这是不言而喻的。
- 人们对提高认知能力的方法非常感兴趣。

大脑植入物为医学提供了巨大的可能性。
- 阿尔茨海默病需要灵丹妙药。

益智药物正逐渐潜入我们的日常生活。
- 对获得某种认知优势感兴趣的人日益增多。

超人类主义正在模糊人与机器之间的界限。
- 机械增强人体总有一天会变得完全正常。

商机

更高级的超人类主义计划将成为现实。
- 这是不可避免的科学技术进步。

为用户提供增强其身体自然能力的方法。
- 许多人(即使不是大多数)都对最大化自己的认知能力和体力感兴趣。

把星巴克视为商业化超人类主义的早期形式。
- 当咖啡因被包装成一种美味的饮料时,它被认为是一种安全的、为社会所接受的大脑助推器。

为个人探索不同的道路,让每个人都能比平常做得更好。
- 非化学方法造就的身体将远远超越我们出生时的身体。

在潜在身体改善的特定领域开展业务。
- 专注于增强感觉能力、免疫系统等。

评判事物的真实性的范围正在扩大,要承认这一点。
- 感知正成为生活中许多领域的新现实。

第6章

科技趋势

虚拟、量子与新算力时代

几天前，我去了当地麦当劳的免下车餐厅，我所听到的不是嘈杂的人声，而是像 Siri（苹果智能语音助手）一样的自动语音。餐厅里确实有人类员工，但我想，这种情况不会持续太久；如果机器人有一件擅长的事情，那就是完成重复性的任务，比如不知疲倦地完成订单（而不是要求加薪、医疗保险或帮助支付大学学费）。在相当比例的时间里，我包里的东西并不是我自己整理的，这更说明机器可能会在任何要求速度、效率和准确性的工作中取代人类。

如果世界上最受欢迎的麦当劳餐厅变成了机器人餐厅，科技将会成为生活中的灭顶之灾。在过去的几个世纪里，各种各样的技术已经渗透到我们日常生活的方方面面，以至成为许多人生活中的主要特征。（我敢说，大部分人花在各种电子设备上的时间比和其他人在一起的时间都要多。）与本书其他章节提到的未来趋势不同的是，那些基于技术（将科学知识应用于实际目的，特别是在工业上）的趋势正呈指数级增长，这意味着它们的发展速度将保持急剧增长，而非一直呈线性增长。毫无疑问，技术正在深刻地改变我们做事的方式，未来还会有更大的改变。机器人和其他自动化设备确实正在进入我们的家庭、职场和市场，对未来人类的角色产生了重大影响。机器正越来越多地融入我们的生物学，改变着人类的本性，而预测、量子和虚拟等趋势预示着一个与今天大不相同的明天。

此外，随着技术变得越来越细致、越来越智能，机器之间也越来越频繁地相互连接，这创建了一个连接网络，很可能成为我们所知道的生活的框架。的确，如果人们追求的越来越好的技术存在共同点，那就是智慧。我们已经很擅长让机器做事，但还没有弄清楚如何让它们思考，至少是让它们自己思考。这是科技（或许也是人类）的终极目标，也是许多最聪明的人决心要实现的目标。机器能够像人类一样思考（甚至感觉），甚至比人类更好，这有点儿像科幻小说里那种反乌托邦式的噩梦，但历史已经表明，科技很少是一无是处（或十全十美）的。通常，我们会过度依赖未来机器带来的好处，这抵消了机器在经济、社会和情感上的成本。

与此同时，这是量化分析师的报复，因为技术人员接受了我们这个时代一些最大的挑战，并试图为一些最棘手的问题找到解决方案。在科学领域，数据是技术的命脉，随着数据越来越多，弄清楚数据的含义以及下一步该做什么是新兴技术领域的重要部分。技术领域不仅仅是等待未来的到来，另一项主要举措是通过基于数据预测可能发生的情况进行主动管理。虚拟现实的发明将越发频繁地被用来预测和计划可能发生的事件或情况，这是沉浸式技术在我们共同未来的重要应用。总之，我们见证了我相信的最坚定的努力，发明了新的更好的工具，而生活也更加美好，所以本章明确指出，这是科技的巅峰时刻。

未来趋势51：自动化

机器人确实来了。机器人的未来已经取得了很大进展。毫无疑问，我们以后的岁月将极大地自动化。自动化将以各种方式影响社会，但也许对工作场所的影响最大。伊丽莎白·科尔伯特最近在《纽约客》上问道："在机器人抢走工作之前你还剩多长时间？"而该领域专家给出的一致答案是"很快"。2013年，牛津大学的一个研究小组报告称，在"10年或20年内"，美国近一半的工作岗位"可能会实现自动化"，这让人们觉得，在不远的将来，工作场所自动化的前景触手可及。[1]

几个世纪前，人类就开始担心机器会让人类成为无用之人，这并不是杞人忧天。在工业革命期间，纺织和农业等劳动密集型行业变得高度自动化，但这些行业的许多工作都转移到了工厂和办公室。然而，随着机器人的出现，这种就业机会的平行转移可能不会出现，因为机器人有能力管理自己。[2]技术历史学家指出，不同之处在于，数字革命不仅会使许多蓝领工作被淘汰，还会使大量白领工作被淘汰。"自动化还可能影响中等收入的工作，比如职员、厨师、保安、初级律师、检查员等"，英国广播公司未来频道的理查德·格雷2017年指出，人类劳动力的机器化是"人类面临的重大挑战之一"。自动化已经改变了就业、医疗保健、法律行业、华尔街和许多其他领域的前景，所以人们的担忧是完全合理的。[3]

情况并不乐观，所以人力资源工作者和其他人想出一些工作"不受未来影响"的方法也就不足为奇了。在一个被自动化和人工智能深刻定义的工作环境中，一个人为一份职业努力，然后在几十年里做本质上相同的事情，这种传统的就业模式将不再可行。（正如未来趋势17流动性显示的那样，自由职业者或零工经济也会对这种模式造成严重破坏。）相反，不断获取新技能将成为常态,这意味着,学习而非实际工作将占据我们职业生涯的很大一部分。根据麦肯锡公司的调查,我们中很少有人会被机器人完全取代,因为机器人不可能在一个工作日完成人类所做的所有工作。相反,麦肯锡公司认为,未来我们可能会以一种工作分担的形式与机器人一起工作,鉴于我们在工作场所已经熟悉的技术关系,这一前景要乐观得多。[4]

事实上,正如仲量联行咨询公司的彼得·米斯科维奇建议的那样,从进步而非替代的角度来考虑,工作场所的自动化是有益的。他认为,"尖端技术的涌入将使我们能够以新的、充满创意的方式来思考工作",而机器人承担繁重的工作(比如那些烦人的时间表),使我们能够更高效、更有创造性地利用时间。和现在一样,未来的机器人很可能最擅长完成那些耗时和重复性的任务,没有机器能做人类能做的所有事情,或者至少和人类做得一样好。米斯科维奇愉快地得出结论:"随着机器同事越来越能干,人机协作技术将使组织更加智能,并极大地提高人类的整体工作绩效,从而创造更大的商业价值。"[5]

未来趋势51：自动化
决策与领导力平台

含义

一个更加自动化的世界即将到来。
- 机械化是技术发展的基础。

机器人是人机交互的必然产物。
- 科幻小说中的东西正在变成现实。

对未来失业的担忧是真实的、可以理解的。
- 机器人能做什么仍然是未知数。

人们一致认为，无论在什么情况下，随着自动化程度的提高，工作场所都将发生巨大变化。
- 人类需要比机器人领先至少一步。

乐观主义者认为，机器人化的未来是件好事。
- 技术将继续为人类服务，而不是代替人类。

人类可能会以一种协作、互补的方式与机器人一起工作。
- 这将是我们目前使用计算机和其他数字技术的更先进的形式。

商机

预见一个更加自动化的工作环境。
- 所有的组织都会持续受到不断进步的技术的影响。

想想机器人在你的行业中有哪些好处。
- 机器人使用的最好情况：机器人能够帮助你把工作做得更好。

考虑机器人会对你的行业造成哪些负面影响。
- 机器人使用最糟糕的情况：机器人会淘汰你的行业。

拥抱自动化，能帮助人们提高效率和创造力。
- 让机器人做繁重的工作。

让企业永不过时。
- 要求员工学习新技能，这样他们才能保住工作。

采用人机协作技术，使你的业务更高效、更智能。
- 将自动化视为数字革命的延续，而非机器人的崛起。

未来趋势52：生物识别技术

2017年，拉里·奥尔顿在ITProPortal.com网站上写道："过去，你只会在好莱坞电影中看到绝密的政府机构使用生物识别技术。"但现在，这项应用正"面向大众"，这一点让所有人都感到吃惊。用科技术语解释，生物识别技术是"测量和统计分析人类物理上和行为上的特征并比较以前记录的数据，从而确定一个人的身份"，据业内专家莫黑迪·哈桑的说法，这是一种判断一个人是否真的是他或她声称的身份的方式。地球上大约有80亿人，但每个人的指纹、手掌、虹膜、面部甚至步态都不相同，这使得生物识别技术成为最可靠的识别手段。[6]

虽然大多数人都可以使用iPhone 6（苹果手机）或后期版

本的 Touch ID（苹果的生物指纹识别传感器），但许多信息敏感行业的政府机构和企业，如医疗保健和金融行业等，都以这项技术为第一道安全屏障。目前，生物识别业务的规模约为100亿美元，2022年会增长两倍，这是各机构保护自己资产的进一步措施。随着技术的进步，该领域将迅速变化，不断出现新的应用类型。卫生保健专业人员使用移动或便携式设备获取医疗记录，伊拉克边境管制人员也使用移动或便携式设备确定进入该国的人员。在亨利·福特的时代，打卡上下班可能是最先进的技术，但现在越来越多的公司使用生物识别技术来检测员工上下班时的手指、面部和眼睛，以便知道他们工作了多久。[7]

生物识别技术目前的应用范围表明，在未来10年内，这项技术将无处不在。自动取款机（ATM）的密码认证系统将很快消失，取而代之的是更加安全的生物识别技术。（事实证明，我们很多人都使用相同的四位密码。）零售商迅速采用这项技术，以减少信用卡欺诈、黑客入侵账户和盗窃身份。电子零售商也将用面部和声音生物识别技术取代数字密码或基于问答的密码。（谢天谢地，我不用再记住儿时宠物的名字、母亲的出生地和卡特政府时期我居住的街道。）甚至你的汽车（或个人飞行设备）也可能会用生物识别技术确认你的身份之后才允许你驾驶。捷豹路虎是一家测试生物识别技术的汽车制造商，该技术旨在确保目标驾驶员的外表和行走方式与注册车主一样，并且不会受到该技术的影响。[8]

花几分钟思考一下，你就能想象生物识别技术在其他未来趋势的背景下将得到怎样的应用。鉴于地缘政治的不稳定和反移民情绪没有出现逆转的迹象，指纹识别有望成为国际旅行或登机前的常规流程。从政府到电子政务的转变也将使生物识别行业照常营业。美国供应公司Bayometric的联合创始人丹尼·塔迦尔表示："生物识别技术的使用将使电子政府程序能够可靠地识别公民身份，并保护存储在信息系统中的敏感数据的完整性。"这将减少电子选民欺诈，是我们即将面临的另一项应用。最后，随着物联网成为现实、机器之间的交互越来越多，生物识别技术将被用于验证用户的真实身份，这一点至关重要。[9]

未来趋势52：生物识别技术
决策与领导力平台

含义

生物识别技术在日常生活中越来越重要。
- 它们是数字世界对安全的更大需求的一部分。

独特的物理特征正在取代旧的识别方法，如驾驶执照。
- 在好人和坏人之间存在一场不间断的技术战争。

政府和公司很可能会存储每个人的生物识别密码。
- 甚至社会安全号码也将被取消。

隐私问题处于危险之中，但很明显，生物识别已经开始发挥作用。
- "隐私"本身将成为一个陈旧的概念。

当设备相互通信时，生物识别技术将出现指数级的飞跃。
- 指纹、声音和面部识别将用于任何事情，进出任何地方。

与之平行的未来科学趋势将与生物计量学发生碰撞。
- 基因组学和超人类主义将使一个人的物理身份变得不那么明确。

商机

将生物识别技术整合到企业中。
- 在一个日益危险的世界中，它们是保证资源安全的最佳方式。

将生物识别技术应用于公益事业。
- 最终目标：打造出一个保护个人和组织利益的更安全、更有保障的世界。

赶上你所在行业关于生物识别技术特有的趣味转折。
- 品牌体验能否基于用户个人的物理属性进行个性化？

以先进的生物识别技术作为展示企业领导力和创新的手段。
- 使其成为高度竞争类别差异化的替代手段。

创造有新意的方法，让生物识别变得不那么苛刻。
- 示例：使用指纹、声音或步态识别的艺术装置。

可以把生物识别视为个人主义和全文化主义的另一种媒介。
- 地理和社会定义的边界正在受到侵蚀。

未来趋势53：融合

弗若斯特沙利文咨询公司指出："连通性正在推动融合。"这充分证明，随着设备和人连接起来，产业、产品和技术正越来越紧密地交织在一起。这家咨询公司非常相信连接性和融合之间的共生关系，它告诉客户，利用它认为的大趋势符合客户的最大利益。该公司建议道："新技术将催生多种创新应用，这些应用将改变我们生活、沟通和商业行为的方式，在未来创造一个互联的世界。"它还敏锐地捕捉到融合的力量，以及它将如何塑造我们的未来。[10]

众所周知，商业的前沿是工业、产品和技术的战略性结合。例如，航天工业正在与太阳能工业合作，研究基于太空的太阳能，而汽车制造商正在研发自动驾驶汽车。与此同时，建筑技术正在与智能自动化相结合，创建智能家居中心，这是连接产生融合的又一个协同效应的例子。弗若斯特沙利文咨询公司指出，融合是一个行业的参与者进入全新市场的主要方式。谷歌通过头脑风暴将其技术应用到不同的地方，催生了一系列

Nest home（谷歌智能音箱品牌）产品，亚马逊推出了 Dash（智能购物按钮）和 Fire TV（电视盒子）。脸书也利用融合拓展了社交媒体平台之外的业务，推出了 Oculus 虚拟现实系统及其连接实验室，旨在让世界各地的人都能用上互联网。[11]

不过，要想利用这种融合优势，并不一定要像谷歌、亚马逊或脸书那样。毕竟，即便是家庭经营的店铺也可以建立新的合作伙伴关系，而且有时这是实现增长最直接的途径。此外，跨产品类别或整个行业的相互交融完全符合客户对技术兼容性和一致性的偏好。弗若斯特沙利文咨询公司创新集团全球总监阿卡纳·阿马纳特解释道，"客户不再对基于竖井的应用程序或服务感兴趣"，客户"需要互联生活终端到终端的全面解决方案"。为此，医疗保健行业的企业与能源行业的企业合作，或者安全行业的企业与消费品行业的企业合作，都是完全合理的。这种看似奇怪的合作伙伴的融合，造就了一些非常有趣的产品和服务。[12]

技术连接所带来的融合，最吸引人的地方或许是家庭、工作和社区之间边界的被侵蚀。在传统上，这些环境都代表着不同的市场实体，但随着越来越多思维超前的公司跨越长期以来分隔它们的物流边界，这种情况正在迅速改变。例如，在电信行业，将原本用于住宅、企业或市政市场的平台混合在一起不再是一件不可接受的事情；用户只想要好的服务，而不在乎它来自哪里。这种融合的结果往往是更智能、更集成的产品或服务，以及更多的用户选择，这就解释了为什么它正成为一种更受欢迎的商业模式。弗若斯特沙利文咨询公司总结道："连接和融合将对商业、社会和个人生活产生巨大影响。"该公司正在未来的市场中展望"新的解决方案、新的客户、新的合作伙伴和竞争"。[13]

未来趋势53：融合
决策与领导力平台

含义

技术正在培育商业上的新型联系。
- 互利的、协同的联盟。

各种形式的趋同是整个社会的一个关键主题。
- 你拥有前所未有的机会与他人和组织建立关系。

通过借鉴其他行业的技术、系统和理念，建立新的企业。
- 横向思维是一个很大的优势。

分隔行业和产品类别的传统界限正在变得不那么死板。
- 商业现在是一个更加流动和渗透的领域。用户对行业和类别的交叉和融合持开放态度。
- 企业领土主义根本无关紧要。

自由放任的市场促使企业为用户提供更多的选择。
- 融合正在鼓励混合经济。

商机

利用连接性和融合之间的直接关系。
- 你可以找到新的解决方案、新的客户、新的合作伙伴和竞争。

寻找机会趋同。
- 选择能够提供潜在协同效应的行业、产品和技术。

以横向和纵向的角度来看待市场。
- 横向思维能提供更广泛的机会。

你有机会认识一些有共同商业利益但没有直接竞争关系的行业"同辈"。
- 最好的伙伴关系是共性和差异性的结合。

从看似无关的产品和服务类别中提取创意。
- "创新"通常是对纯创意进行重新调整和包装的结果。

挑战用户的期望和成见。
- 后工业市场可以接受颠覆性的战略和战术。

未来趋势54：智能

许多新兴技术的共同特征是什么？聪明或智能（即机器不

仅能处理信息，还能自己做决定和"思考"）。荷兰未来学家查理德·范·胡伊东克指出："在未来，数据驱动的'事物'和智能算法将开始独立地做决定。"他认为，非人类宇宙的自主性加速发展，将会重塑日常生活的轮廓。事实上，某种形式的智能是许多应用技术的主要价值，如无人机、医疗设备、家电、安全系统，以及即将出现的自动驾驶汽车。以计算机为基础的人工智能会自动模仿人类的看、听、说和学习的能力，并且会不断加强。胡伊东克说："10年后，我们将不再能够区分某些类型的机器人和人类。"人与机器之间的鸿沟将越来越小。[14]

那么，让机器变得智能的关键是什么？答案是数据，而且多多益善。胡伊东克说："大数据正日益成为我们生活中各个方面的重要环节。"这些被搜集的信息是"开始、预防、减少和预测任何情况"的关键。信息金砖的数量已经超过已知宇宙中恒星的数量，而且在2020年，我们拥有大约44万亿兆字节的数据。如此大量且深不可测的数据，不仅是解决复杂问题的手段，而且为准确预测未来的情况提供了更大的可能性，可以说与人类智商不分伯仲。[15]

要想看到人工智能和机器学习的未来，只需要了解IBM的"认知地平线网络"。该公司解释说，"该网络是由世界领先大学组成的联盟，致力于与IBM合作，以加速开发认知计算所需的重要技术，并以此实现其承诺"，目前有数百名科学家正在进行研究，可能会帮助我们解决一些关键问题。该网络不仅包括科学家和工程师，还有哲学、社会学、心理学和法律等其他领域的学者，这与智能技术是一个整体企业的事实是一致的，它将影响社会的几乎所有领域。从深入挖掘原始数据到构建充分利用该公司所谓"真正的数字世界"所需的框架，IBM正在广泛地开发其网络。[16]

IBM的"认知地平线网络"所指向的项目范围表明，人工智能——没错，就像IBM著名的沃森计算机升级版——可能会在未来被使用。例如，麻省理工学院的一个团队正在研究视频理解设备（即利用机器理解可视数据，并利用这些信息实时预测接下来可能发生的事情的能力）。由人和计算机组成的团队解决问题和做出决策是伦斯勒理工大学的研究重点，而密歇根大学正在致力于研究对话技术（即人和机器如何更好地交流）。在马里兰大学，认知网络安全是首要任务，该技术可以通过扫描网络世界来确定潜在的威胁。人工智能仍任重而道远（目前机器人的平均智力和狗不相上下），但回想2011年版的沃森在《危险边缘！》中轻松击败了冠军肯·詹宁斯，这不免让人觉得有更大的事情即将发生。[17]

未来趋势54：智能
决策与领导力平台

含义

机器正在变得越来越智能或聪明。
- 它们模仿人类思维和行为的能力越来越强。

人工智能和机器学习的最终目标是独立决策和解决问题。
- 目前的研究致力于演绎和预测。

机器人和人变得越来越相似。
- 机器越来越像人类，而人类越来越像机器。

数据和算法是技术智能的基础。
- 复制大脑的神经连接。

许多时间和金钱被用来决定如何让机器做更多的事情，并做得更好。
- 这是当代科学技术的主要创举之一。

一种突击式方法被用于推动人工智能的发展。
- 它处于相对早期的研究阶段，有很多潜在的应用。

商机

在企业播种智慧的概念种子。
- 技术正在推动各种智能的价值和意义。

从宏观角度看待智力。
- 做出好的决策和解决问题有很多不同的途径。

投资智能技术。
- 人工智能将不可避免地在我们的职业和个人生活中发

挥更大的作用。

在技术认知的基础上形成自己的小主动性。
- 为企业创建一个特定的应用程序。

开发你所在行业的第一款智能"物品"。
- 创造一种被认为是智能的产品或服务。

参与有关能够独立思考人工智能崛起的对话。
- 技术在何种情况下会阻碍而不是促进人类的发展？

未来趋势55：移动性

想想看，在过去的一个世纪里，我们从一个地方迁移到另一个地方的方式并没有多大改变。当然，技术使得运输方式更快、更舒适，但是今天的汽车、飞机、火车、船只乃至自行车在功能甚至设计上，都与第一次世界大战期间使用的那些没有太大的区别。（与通信相比，我们现在交换信息的方式与20世纪80年代使用的方式有着天壤之别。）如果说近年来移动性领域有什么重大飞跃，那无疑是电动汽车，这一技术进步有望永久性地消除内燃机带来的环境灾难。

然而，今天，我们正处于一场技术革命的边缘，业内人士喜欢把这场革命称为"移动生态系统"。德勤的科温、詹姆森、潘克拉茨和威利格曼认为："无障碍、自动化、个性化的按需出行——正是未来出行的梦想。"他们相信,"扩展后的汽车生态系统的各种元素正在联合起来,比预期更快地实现这个梦想"。这家大型商业咨询公司在与高管、民选官员和行业专家交谈后认为,在不久的将来,个人拥有的、由司机驾驶的私家车将成为过去式。以自动驾驶汽车和共享交通为基础的系统将取代它们,这种模式将符合更智能、更环保、更安全的城市发展。一些州已经为这种未来的交通生态系统奠定了监管基础,认为这不仅能带来更健康、更高效的城市环境,还能通过吸引更多的人和企业来刺激经济增长。[18]

当然,自动驾驶汽车已经取得了很大进展,通用、福特和戴姆勒等几家汽车公司正在迅速将其推向市场。然而,除了自动驾驶汽车,还有许多其他技术将创造未来的移动生态系统。电动汽车、共享汽车、禁止街道停车、智能交通信号以及对多式联运或混合客运方式(如停车换乘或铁路连接)的改进,也在重塑我们所知的城市交通网络。[19]

但随着自动驾驶汽车成为现实,汽车制造商正在与娱乐和内容营销人员合作,以帮助乘客消遣旅途中的漫长时间。德勤预测,"'体验推动者'——内容提供商、车载服务提供商、数据和分析公司、广告客户、娱乐设备提供商和社交媒体公司——将会争先把车内体验变成我们想要的样子",在汽车上的时间将变得"轻松、高效或充满娱乐性"。例如,沃尔沃与网飞建立了合作关系,让通勤者可以在自动驾驶汽车在路上缓缓巡行时享受流媒体视频,这拉开了汽车移动家庭影院的序幕。事实上,福特已经为一项"自动驾驶汽车娱乐系统"申请了专利,该系统将整个风挡玻璃变成一个视频屏幕。乘客(除司机外)不仅可以用他们的眼睛做其他事情,还可以用他们的手做其他事情,这意味着在未来的汽车里,浏览网页将成为一种常见的行为。汽车可以说是人类历史上最重要的发明之一,它的可能性,就像我们从 A 点移动到 B 点的前景一样,几乎是无穷无尽的。[20]

未来趋势55:移动性
决策与领导力平台

含义

我们如何从一个地方移动到另一个地方的方式是不断变化的。
- 智能技术正在开创一个移动的新时代。

电动汽车是交通革命的开端。
- 在 20 世纪 90 年代受到石油行业和其他行业的压制后,

现在使用这种技术的时机已经成熟。

人们态度的转变正在鼓励一种新型移动生态系统的发展。
- 很多人愿意接受至少在部分时间内不用自己开车的其他选择。

自动驾驶汽车、共享汽车和更智能的街道景观代表着新的移动模式。
- 这是自汽车发明以来交通运输业最显著的变化。

智能技术和自动化正在彻底改变我们的出行方式。
- 这是机器取代人类的又一个例子。

汽车最终将变成自给自足的技术中心。
- 眼睛和手会腾出来做其他事情。

商机

为新的移动生态系统做好准备。
- 交通革命将如何影响你和企业？

将这个新系统的关键交付物整合到你自己的业务中。
- 考虑安全、绿色、方便、高效等特点。

把新兴的移动模式视为许多行业梦寐以求的突破。
- 在你的产品或服务类别中，什么样的场景代表着同样的创新飞跃？

利用文化分享趋势而不是文化转变，分享而不是拥有。
- 还有什么可以转化为集体模式而不是占有模式？

利用地方、地区和联邦政府来确定潜在的机会。
- 公共利益往往是私人行为主动性的驱动力。

让你的品牌体验更加轻松、高效或有趣。
- 这些是我们这个时空给用户带来的主要好处。

未来趋势56：预测

尤吉·贝拉的另一个精辟论断是："做出预测是很困难的，尤其是关于未来的预测。"它令人挠头的错综复杂只与它的基本真理相匹配。任何一个真正的未来学家都会告诉你，持续预测未来不仅困难而且不可能实现，但是技术正在把预测的艺术变成一门科学。事实上，许多组织都在通过预测分析来决定接下来可能会发生什么，这一领域很快会受到追捧。尽管随着越来越多的公司需要大数据，统计领域的实践变得愈加复杂，但是确定客户购买行为、数字广告投放，甚至销售预测都是预测分析的例子。[21] 我相信，随着机器（但愿还有人类）变得更加智能，我所说的预测将在未来取得巨大的进步。

预测分析师是如何施展"巫术"的？首先，量化分析师将对尽可能多的历史和事务性数据进行排序，这样很快就能发现某些关系或模型。这些模型可以被视为潜在的风险和机会，并被给予分数或权重，以表示未来发生的定量可能性。接下来是统计分析和建模，引出一系列有用的信息、一组结论和一个行动计划。这听起来很复杂（因为确实如此），但归根结底，预测分析就是要回答三个基本问题：过去发生了什么以及为什么发生？现在正在发生什么？未来将会发生什么？预测分析让企业变得积极主动而不是被动反应，仅这一点就使它成为一项值得努力的工作。[22]

随着大数据越来越多，预测分析的商业应用也在不断扩大。预测分析主要被应用于客户关系管理（CRM）和交叉销售，这也在情理之中，过去的购买行为通常是未来购买行为的良好预测。医疗保健是另一个主要应用领域，预测分析有助于确定哪些人有可能患上长期的疾病，如哮喘和糖尿病。一些催收公司使用预测分析来确定收回债务的最大机会，信用卡公司用这一技术发现欺诈和身份盗窃行为。金融从业者越来越多地在投资组合管理中使用预测分析，包括石油和天然气、制药、旅游、零售、电信、银行和保险在内的许多其他行业也在使用定制的或现成的软件来预测未来的事件。[23]

因为商业上的成功可以被视为在正确的时间和正确的地点产生正确的想法，所以很容易看出，任何一种可靠的未来预测本身都会受到追捧。业内重要的预测公司之一 SAS 解释道，"越来越多的企业开始使用预测分析来提高底线和增加竞争优势"，引用越来越多种类的数据，不断增强计算能力，开发用户友好型软件，更能接受以数量为基础的用户洞察，这些是该领域快速发展的主要原因。[24] 但是，也许更多的管理者将预测分析纳入工具箱的最大原因是古老的"纸尿裤与啤酒"的故事。据报道，一家数据挖掘零售商发现，购买纸尿裤的男性购买啤酒的可能性也最大，因此完全可以将这两种产品在商店里放得近一些，以提高各自的销量。这个故事虽然只有一些真实的基础，但仍然是一个预测能力的关键销售工具。[25]

未来趋势56：预测
决策与领导力平台

含义

预测未来正变得越来越容易。
- 不可能正变得更有可能。

预测的艺术正在演变成一门科学。
- 先进的信息技术开启了数据搜集和分析的新时代。

未来主义的黄金时代正在招手。
- 它在数量上相当于 19 世纪晚期的幻想版本。

越来越多的企业开始接受预测分析。
- 它是一个有助于决策的工具。

关于过去和现在行为的大量信息预示着未来的行为。
- 海量的数据让预测更加可靠。

预测分析的底线是：主动性而非反应性。

- "走一步看一步"的方法往往又少又迟。

商机

提高你预测未来的能力。
- 过去和现在的行为是越来越可靠的指示器,用以预测未来将会发生什么。

把预测分解到本质的层面。
- 过去发生了什么,现在正在发生什么,将来会发生什么?

将预测分析作为洞察用户的替代途径。
- 它是一种定量研究的形式,超越了调查和问卷。

与其他行业的公司进行数据交易。
- 这是获得预测分析能力的一种方式,且成本效益高。

发展替代的预测形式。
- 选择特别适合你所在行业或公司的研究方法,以指示未来行为。

在企业采用积极主动而非消极被动的处事原则。
- 奖励那些能够提前一步(或两步)思考的员工。

未来趋势57:量子

在1989年至1993年美国全国广播公司播出的电视节目《量子跳跃》中,主角物理学家萨姆·贝克特发现,自己因为一次时间旅行实验出错而被困在了过去。在五季97集的剧集中，贝克特试图回到现在（20世纪后期），正如该剧集开篇所述，"从生活跳到生活"，特别是通过纠正过去的错误这种方式。贝克特得到他的朋友海军上将阿尔·卡拉维奇的全息图协助，这位友人会追踪贝克特从现在起的下落。[26]

虽然跨越时间的目标尚未实现，但量子技术即将得到应用，我们为此感到非常激动。尽管在亚原子水平上进行计算的量子计算还有待发展，但包括比尔·盖茨在内的许多专家都认为，量子计算很有可能在未来10年内实现。尽管功能强大，但现代计算机仍然使用一系列0和1来处理信息；如果量子计算机允许这些字节同时工作，而不是按先后顺序工作，那么它将更加强大和快速。IBM、谷歌、惠普、微软和其他公司都在研究量子技术，它们知道该技术可能预示着计算领域的下一波浪潮。[27]为何量子计算如此重要？2017年，杰里米·奥布赖恩在《金融时报》上写道："量子计算机将解决传统计算机无法解决的问题。"他认为这种技术有可能为能源、医疗保健和气候变化等重大挑战找到解决方案。他担心，许多看起来非常适合计算的问题仍然困难得让人难以置信，传统计算机的功能不仅目前不足，而且将永远不足。[28]

鉴于目前计算机的收益在不断下降，量子技术的潜在到来将是一个完美的时机。"好消息是，一个解决方案就在眼前"，奥布赖恩继续说，量子作为"一种截然不同的计算方法，无论是在它所利用的基本物理定律方面，还是在它将给我们的生活、社会和经济带来变革等方面，都具有深远的意义"。[29] 美国在线商业新闻网站 businessinsider.com 的凯利·迪克森同样对量子力学的未来充满期待。迪克森在《量子计算机将改变世界的 7 种令人敬畏的方式》一文中解释说，数千万个平行现实的科幻概念可能会"彻底改变整个工业"。量子计算机比传统计算机更像人脑，这使得它的发展成为人与机器之间的又一座技术桥梁。[30]

这些看似神奇的设备有什么奇能异效？超级准确的天气预报可以拯救生命，完美的气候模型可以让我们更好地理解人类和环境之间的关系。确定哪种药物对特定患者最有效将是另一种应用，通过道路和空中智能交通控制，量子技术将与计划中的未来移动生态系统完美契合。不足为奇的是，出于国防目的，军方将充分利用这项技术，通过加密使在线通信更加安全也指日可待。最后，量子计算可以通过比高速子弹更快的速度分析数据，从而推进太空探索，这项技术与正在进行的让机器人像人类一样思考和学习的努力非常吻合。[31] 由此可见，量子计算的前景确实令人敬畏。

未来趋势57：量子决策与领导力平台

含义

当前的信息技术正在达到其能力上限。
- 摩尔定律（计算机能力每两年翻一番）正在失去效力。

信息技术的指数级飞跃即将到来。
- 这不仅仅是标准的渐进过程。

量子计算将来可能会改变技术的面貌。
- 它让今天的计算机看起来像拆装玩具。

人们一致认为，如果量子计算能够被成功开发，它将带来伟大的成就。
- 它将是我们对技术的坚定信念和信任的延伸。

这个领域里一些最聪明的人正在竞相让量子技术成为现实。
- 这需要对物理学的复杂性有深刻的理解。

量子的第一批开发者将获得丰厚的回报。
- 可以在各种行业中实现各种潜在应用。

商机

寻找你所在行业的潜在量子跳跃。
- 如何通过采取完全不同的方法重新发明一种产品或服务？

寻找方案去解决量子计算将要解决的重大挑战。
- 例如能源、医疗保健、气候变化等。

探索介于人类与机器之间的沃土。

- 技术还能以什么方式实现类人智能?

在你所在行业中关注量子计算的关键可交付成果。

- 它们具备更高的准确性、效率和安全性。

揭开量子计算的神秘面纱。

- 具备同时解决多个问题的能力。

给你的技术团队增加一名物理学家。

- 对穿越时空的物质和运动(进行研究),会获得突破性发现。

未来趋势58:可穿戴设备

像大多数第一波技术浪潮一样,可穿戴设备(尤其 FitBit 记录器)价格过高、结构笨重且性能不佳。(还记得 20 世纪 80 年代那些类似步话机的手机吗?)未来几代可穿戴设备(可穿戴在身体上的电子产品)将与那些早期产品名称相似,并最终成为人体的标准化特征。首先,可穿戴设备的尺寸会大大缩小,以至它们看起来和感觉起来都像我们身体的一部分。手势识别公司 Rithmio 的耶恩·昆兰认为,在导电面料和带有传感器的智能服装之间,可穿戴设备与时尚的关系将变得尤为紧密,以至我们将无法区分它们。为用户提供各种生物特征数据的服装和配饰已经出现,这表明可穿戴设备的后续版本将提供与医疗检查一样多或更多的身体状况和认知表现信息。[32]

目前市面上通用的可穿戴设备技术也将很快走上 T 型车生产的老路（只要是黑色就可以换成任意颜色）。个性化的可穿戴设备正在涌现，它们为个人独特的身体（和思想，因为它们不仅能阅读大脑活动，还能阅读思维模式）设计和编程。虽然电池的体积和功率会缩小，但可穿戴设备将越来越依赖身体自身的能量（尤其是热量和动力），并以此为电源。它所提供的数据范围将远远超出行走步数或个人心率，同时，不仅提供过去和现在的身体和认知指标，而且提供在任何给定的时间里身体和大脑最适合的活动类型。[33]

随着技术的进步，可穿戴设备这个术语甚至会消失，并完全融入人体生态系统。定制的外部和内部传感器将取代时尚和配件模型，这些微型设备不断搜集数据，然后与某种类型的网络连接。根据昆兰的说法，"技术人员正在研究如何同时从身体上的多个传感器中获得信息，让一个人对自己的身体如何运动或表现有一个整体的认识"。这些信息或许可以用来确定我们应该占据的最佳和次佳的外部环境或物理空间。有感知能力的可穿戴设备，它的一套传感器可以表达思想，甚至是感情，而这将代表新一代技术的发展（很像 2013 年的电影《她》）。像人一样，可穿戴设备有一天会随着时间的推移而改变和发展,从而深化人类与机器之间的关系。[34]

然而,在短期内,可穿戴设备很可能会继续保持其初始定义,即作为健康和健身监测设备。高德纳数据分析公司研究主管安杰拉·麦金太尔表示:"我认为,可穿戴设备通过提高我们监控自身健康,以及向医疗保健提供者传达健康状况的效率,增加了积极的医疗保健措施。"这种关于个人健康状况的预先信息给佩戴者、医生和保险公司都能带来好处。在冠状动脉疾病或中风发生之前对其进行监测,强有力地证明了可穿戴设备能够成为拯救生命和节省金钱的关键手段。生物传感器贴片目前正在为护理人员提供与患者病情相关的有价值的线索,这将是致力于电子诊断的医学新分支的开端。[35]可穿戴设备的未来充满希望,因为创新者会想出新的方式,让它们为社会福祉做出贡献。

未来趋势58:可穿戴设备
决策与领导力平台

含义

可穿戴技术发展迅速。

- 与生物识别、预测和其他未来趋势相关。

纳米技术和可穿戴设备最终将会相遇。
- 身体和设备越来越一体化和无缝化。

每个人各自的可穿戴设备将会有所不同。
- 它们将根据每个人独特的物理化学特性进行定制设计和工程设计。

预测能力将成为可穿戴设备最有价值的资产。
- 它们将根据当前的生命体征和其他与健康相关的测量指标，指示一个人应该做什么和不应该做什么。

传感器将为可穿戴设备打开一个充满可能性的新世界。
- 它们将连接其他设备和下一代互联网。

未来的可穿戴设备将提供双向通信。
- 它们将实现技术的人性化和人类的技术化。

商机

准备好迎接可穿戴设备的主流化吧。
- 在未来的10年或20年里，我们中的许多人（如果不是大多数人）将在身上或体内安装某种设备。

人们对在自身安装智能设备的兴趣日益增长，对此请多加关注。
- 随着可穿戴设备的发展，你的产品或服务如何与它们相结合？

与一家技术公司进行生物传感器领域的合作。
- 确定你的品牌对用户体内化学物质的潜在影响。

将可穿戴设备的关键优势应用到你的行业中。
- 获取身体状态和认知表现的实时信息。

我认为可穿戴设备目前存在的主要原因是：如何保持或改善一个人的健康和／或体能。
- 它们几乎具有普遍的吸引力，特别是在老龄人口中。

挖掘可穿戴设备的预测能力。
- 在潜在问题发生之前发现它们。

未来趋势59：虚拟化

荷兰未来学家理查德·范·胡伊东克问道："哪个世界是真实的？"答案是："如果是在虚拟现实中，那就很难说了。"虚拟现实和增强现实（VR 和 AR）技术正在爆炸式增长，每种技术的新应用都在不断被发现。值得庆幸的是，这项技术有望超越游戏和娱乐，为社会提供各种商业机会和利益，虚拟现实和增强现实在教育、紧急管理、治疗、城市规划和更多领域的创新应用，使我所说的"虚拟化"成为未来的关键主题之一。[36]

在物联网（IoT）中，数字设备相互连接，而与其相关的新兴技术正与虚拟化并驾齐驱，并创造出强大的协同效应，这必将使"现实"成为一种更加主观的体验。科技行业的一些人将这种虚拟现实／增强现实和物联网的混搭称为"混合现实"或"MR"，这种东西在商界将会得到特别的应用。德勤的纳尔逊·孔克尔和史蒂夫·苏希提格解释说，"有了 MR，虚拟世界和现实世界结合在一起，创造出一个新环境，在这个环境中，数字和物理对象——以及它们的数据——可以共存并相互作用"，其结果是"参与模式的转变，允许使用更自然和具行为性的界面"。在这些身临其境的虚拟世界或"沙盒"中，身处不同地点的人们可以以一种比以前更"真实"的方式交换信息。混合现实场景也可以用于培训和操作，使分散在世界各地的团队成员能够像身在同一个房间那样思考和行动。[37]

对市场营销人员来说，虚拟化意味着梦想成真，因为它使远程购物成为一种更加现实的体验。网上购物者不仅可以在计算机屏幕上看到产品，还可以像在现实世界中那样"拿着"甚至"使用"产品。与此同时，营销人员将获得用户对其品牌真实感受的即时反馈。此外，零售商店的实体景观也可以通过虚拟的方式在网上得以重新构建，让购物者挑选商品，然后在试衣间试穿。那些在旅游和酒店行业的人应该对虚拟化带来的可能性感到特别欣喜。用户将能够在预订之前通过感觉他们真的身处其中来检查旅馆和房间，或者在选择去哪里度假之前，先预览一下目的地。简言之，虚拟为市场营销人员展示其产品或服务提供了一种全新的方式，也为各类企业提供了一种革命性的工具。孔克尔和苏希提格认为："如果处理得当，混合现实就可能为改变未来企业的建立和运营方式打开大门。"通过技术的魔力，后工业经济实现了急需的彻底改革。[38]

当然，虚拟化的潜在应用远远超出商业领域。在扩展教育边界的过程中，学习肯定会被虚拟化技术改变。虚拟化技术可以极大地帮助社会工作和心理学等职业的培训，例如，让学生在进入各自的领域之前了解真实世界的情况。[39] 虚拟市政厅会议可以在美国（和世界各地）被创建，它能让数百万公民聚集在一起，用实际行动展示民主。总之，虚拟化的可能性是无限的。

未来趋势59：虚拟化
决策与领导力平台

含义

真实和虚幻的世界正在发生碰撞。
- 一个混合现实或虚拟的新世界正在形成。

随着虚拟化在游戏和娱乐上的潜力越来越明显，人们对体验身临其境的兴趣已经远远超出游戏和娱乐本身。
- 基本的假设是，头脑相信感官让它相信的东西。

内部运营正在引领商业环境中的虚拟化。
- 这提供了使公司运行更平稳、更智能的方法。

营销是虚拟的下一个主要应用。

- 它与电子商务的兴起完美契合。

社会的基础设施（教育、政府、交通等）是虚拟化的另一个潜在平台。
- 如果技术使用得当，变革的可能性就在前方。

随着虚拟化的发展，社会互动的代码将被改写。
- 与虚拟人物的关系将被视为完全合法。

商机

将真实和虚幻混合起来。
- 人们对体验不同的现实非常感兴趣。

确定适合你的行业或产品类别的虚拟杀手级应用。
- 身临其境式体验如何改变（并改善）正常的做事方式？

创造让用户感觉良好的虚拟场景。
- 快乐、满足和幸福是用户的最终目标。

开设临时性商店，让用户虚拟地体验你的产品或服务。
- 这是体验在 21 世纪的版本。

在虚拟化的新兴领域开辟领地。
- 这些领域包括心理和物理治疗、学习、训练、教育、艺术、体育、娱乐等。

匹配企业资产与虚拟化的潜在应用。
- 如何将你的企业和 / 或品牌价值转化为虚拟术语？

未来趋势60：奇点

雷·库兹韦尔在 2005 年出版了一部具有里程碑意义的书，名为《奇点临近》，该书宣称，在不远的将来，人类将能够超越自身的生物构成，这一说法震惊了世界。这位发明家和未来学家声称，人类和技术将在 2045 年融合，这个真正改变生活的事件，得益于异常先进的人工智能。人类，或者不管我们叫什么，将由一种新的、不同的物种组成，这不是一个简单的想法，尤其是当它在许多人的一生中发生时。库兹韦尔提出，奇点是"一个我们的智力将变得越来越不具生物性、比现在强大数万亿倍的时代"，技术变革将带来"新文明的曙光，它将使我们能够超越生物学上的局限性，增强我们的创造力"。[40]

即使很难相信奇点会在不到 30 年的时间里到来，我们似乎也可以清楚地看到，在某一时刻，人类和机器之间的某种融合是不可避免的。本书提出的未来趋势，有相当一部分至少与身体和技术的交叉有关，这表明，我们可能确实正在走向"后人类"时代。无论是通过人工智能、"自我感知"的计算机网络、超级先进的人机连接设备，还是像弗诺·文奇提出的生物领域的某种巨大进步，技术优势的概念都已经超出科幻小说的范畴。然而，对我来说，机器不仅能自己行动和做出决定，而且能创造升级版的自己，这种现实是我能想象的最可怕的情景。[41]

如果库兹韦尔是对的（在预测未来时，他有86%的预测被认为是正确的），那么人类即将面临的变化是难以揣测的。他认为，到2029年，人工智能将赶上人类智慧，从而引发我们生活方式的全面转变。虚拟现实技术将变得十分先进，所以人们将不再需要去工作场所，到21世纪30年代初，人类的意识有可能被转移到任何一种数字化编码的设备上。随着身体变得多余，我们的思想内容可以被格式化成脑部扫描，然后应用于任何可以想象的形式。（我倾向于保时捷911。）如果这还不够，那么令人讨厌的死亡问题将得到解决，我们的大脑将独立于身体而存在。帕特里克·考吉尔在科技新闻网站 futurism.com 上写道："库兹韦尔设想了一个激动人心、令人畏惧同时又有点恐怖的未来，他那令人印象深刻的命中率是否会提高，或者未来是否会有为人类而设的其他计划，只能等时间来揭晓。"[42]

令人高兴的是，大多数未来学家（包括我自己）认为，机器人或其技术等价物对人们发号施令的时刻需要相当长的时间才会出现。许多人说，奇点将在22世纪出现，这将给我们一些喘息的时间，以应对即将发生的变化。人类不再是地球上最聪明的生物，就连斯蒂芬·霍金和艾伦·图灵都对这样的前景感到不安；天才们已经认识到，在某个时刻，我们会屈从于机器，这与许多科幻电影中的故事情节并无不同。太空探索技术公司的创始人埃隆·马斯克虽然在人工智能领域投入了大量资金，但他也明白其长期后果。[43] 尽管存在这些担忧，但技术向奇点进军的步伐仍在继续，与其说它会不会成为问题，不如说这只是时间问题。

未来趋势60：奇点
决策与领导力平台

含义

机器统治人类的前景并不是一个新想法。
- 自工业革命以来，这一直是一种恐惧。

机器人大军行使它们的权利，利用的是它们的智慧而不是力量。
- 20世纪50年代出现了比人类更聪明的机器。

奇点是机器智能异常进步的逻辑结果。
- 在某个未知的时间点，人工智能将使人类黯然失色。

"后人类"的进化阶段已经开始。

- 许多不同种类的机械零件正在越来越多地融入我们的生物学。

许多另类人机界面都与人工智能密不可分。
- 这些技术包括虚拟现实、纳米机器人等。

人们很难用积极的态度来看待奇点的逼近。
- 用别的东西来代替人类的人性这个想法非常可怕。

商机

为让人工智能在我们的有生之年接近人类智慧做打算。
- 这将是我们不断追求制造越来越好的机器的最终体现。

欢迎任何和所有能让世界变得更美好的智能。
- 至少半个世纪以来，人们一直在日常生活中顺应机器带来的改变。

将机器视为一种赋权形式，直到它被证明不是这样的。
- 目前还没有证据表明机器会独立地为邪恶的目的服务。

探索如何将人工智能应用于你的行业。
- 如何让你的品牌变得更聪明？

开拓人工智能有望解决的机遇领域。
- 这些领域包括记忆和其他认知问题、医疗诊断、金融交易等。

为有社会责任感的人工智能发声。
- 提醒世人，技术应该为人类服务，而不是人类为技术服务。

注释

前言

1. David Remnick, "Future Perfect," *New Yorker*, October 20–27, 1997, 215.

2. David A. Wilson, *The History of the Future* (Toronto: McArthur & Company, 2000), 12.

3. William A. Henry III, "Ready or Not, Here It Comes," *Time*, October 15, 1992, 34.

4. Thomas Griffith, "Obsessed by the Future," *Time*, September 3, 1979, 46.

5. Stefan Kanfer, "Is There Any Future in Futurism?" *Time*, May 17, 1976, 51.

6. David Rejeski and Robert L. Olson, "Has Futurism Failed?" *Wilson Quarterly*, Winter 2006, 14.

7. Lewis Lapham, "The Rage Against the Future," *Harper's*, November 1979, 21; James Poniewozik, "Why We're So Obsessed with 'Next,'" *Time*, September 8, 2003, 94.

8. Nassim Nicholas Taleb, *The Black Swan: The Impact of the Highly Improbable* (New York: Random House, 2007).

9. George F. Mechlin, "Seven Technologies for the Future," *USA Today*, January 1983, 62.

10. David Bouchier, "In the Fast Lane with Nostradamus," *New York Times*, December 31, 1995, LI12.

11. Isaac Asimov, "Life in 1990," *Science Digest*, August 1965, 63.

12. Lev Grossman, "Forward Thinking," *Time*, October 11, 2004, 58–59.

13. A. S. W. Rosenbach, "Old Almanacs and Prognostications," *Saturday Evening Post*, June 8, 1935, 10–11.

14. Fletcher Pratt, "What's the World Coming To?" *Saturday Review of Literature*, April 2, 1938, 3–4.

15. Pratt, "What's the World Coming To?"

16. Harry Harrison, "Introducing the Future: The Dawn of Science-Fiction Criticism," in *Histories of the Future: Studies in Fact, Fantasy and Science Fiction*, ed. Alan Sandison and Robert Dingley (New York: Palgrave, 2000), 6.

第1章 文化趋势

1. Victoria Woollaston, "Think the 'Me Me Me Generation' is New? Think Again: Society Began Shifting Towards Individualism More Than a Century Ago," dailymail.co.uk, July 26, 2015.

2. Jay Ogilvy, "The Global Spread of Individualism," worldview.stratfor.com, October 14, 2015.

3. Moises Naim, *The End of Power: From Boardrooms to Battlefields and Churches to States, Why Being In Charge Isn't What It Used to Be* (New York: Basic, 2014), 58.

4. "Megatrend #4 Individualism," trend-monitor.co.uk, June 8, 2015.

5. Michael F. Haverluck, "Religion Fading, Secularism Increasingly Globally," onenewsnow.com, May 15, 2016.

6. "Are You Humanist?" americanhumanist.org.

7. Haverluck, "Religion Fading."

8. Haverluck, "Religion Fading"; Gabe Bullard, "The World's Newest Major Religion: No Religion," news.nationalgeographic.com, April 22, 2016; D. J. Tice, "While West Grows Secular, the World Gets Religion," startribune.com, April 15, 2016.

9. Haverluck, "Religion Fading."

10. "Are You Humanist?"

11. Haverluck, "Religion Fading."

12. Haverluck, "Religion Fading"; Bullard, "World's Newest Major Religion"; Tice, "While West Grows Secular."

13. Jerry A. Coyne, *Faith Versus Fact: Why Science and Religion Are Incompatible* (New York: Viking, 2015), 64.

14. Richard Dobbs, James Manyika, and Jonathan Woetzel, "The Four Global Forces Breaking All the Trends," mckinsey.com, April 2015.

15. Andy Beckett, "Accelerationism: How a Fringe Philosophy Predicted the Future We Live In," theguardian.com, June 5, 2017.

16. Wendy Broadgate, "The Great Acceleration," futureearth.org, January 16, 2015.

17. Beckett, "Accelerationism."

18. Robert Browning, "Andrea del Sarto," poetryfoundation.org.

19. Ludwig Mies van der Rohe, phrases.org.uk.

20. Lawrence R. Samuel, *The American Way of Life: A Cultural History* (London: Fairleigh Dickinson University Press, 2017), 105.

21. "Less is More—the Minimalism," focusingfuture.com.

22. Neil Howe, "When Less is More," forbes.com, October 14, 2016.

23. Barry Schwartz, *The Paradox of Choice: Why More is Less* (New York: HarperCollins, 2004).

24. Howe, "When Less is More."

25. Joseph Pine and James Gilmore, *The Experience Economy: Work is Theater & Every Business a Stage* (Cambridge, MA: Harvard Business School Press, 1999).

26. James Wallman, "Spend Less on Stuff, More on Experiences," theguardian.com, May 25, 2017.

27. Wallman, "Spend Less on Stuff."

28. "The Secret to Happiness? Spend Money on Experiences, Not Things," forbes.com, March 3, 2016.

29. Brian Schultz, "Not Just Millennials: Consumers Want Experiences, Not Things," adage.com, August 18, 2015.

30. Jonathan Bacon, "Millennials Look for Experiences Over Possessions," marketingweek.com, February 18, 2015.

31. Schultz, "Not Just Millennials."

32. Lindsey Lukacs, "Androgynous Clothing Blurs the Lines Between Male and Female Fashion," thepostathens.com, February 8, 2017.

33. Lukacs, "Androgynous Clothing Blurs the Lines."

34. Molly Hannelly, "Trend Report: Androgyny," moodfabrics.com, June 28, 2017.

35. Ellen Thomas, "Makeup for Men: Fad or Future?" wwd.com, October 19, 2016.

36. Lisa Capretto, "How Parents Can Start to Dismantle Traditional Gender Roles for Their Kids," huffingtonpost.com, July 22, 2016.

37. Ivana Milojevic, "Gender Issues: Futures and Implications for Global Humanity," metafuture.com.

38. Max Daly, "The Future of Drugs According to VICE," vice.com, January 13, 2015.

39. Daly, "The Future of Drugs."

40. Lawrence R. Samuel, *Boomers 3.0: Marketing to Baby Boomers in Their Third Act of Life* (Santa Barbara, CA: Praeger, 2017), 6–7.

41. Samuel, *Boomers 3.0*, 7.

42. Samuel, *Boomers 3.0*, 7–8.

43. Samuel, *Boomers 3.0*, 8.

44. Samuel, *Boomers 3.0*, 84–85.

45. wisdomresearch.org.

46. wisdomresearch.org.

47. wisdomresearch.org.

48. Saul McLeod, "Maslow's Hierarchy of Needs," simplypsychology.org, 2016.

49. Samuel, *Boomers 3.0*, 87.

50. Quoted in Leslie Hart, "The Betterment Trend: Pursuing Wellbeing," kitchen-bathdesign.com, June 27, 2016.

51. Melissa Thompson, "Self-Actualization Is the New Carrot Everyone Is Chasing," newsblaze.com, July 23, 2016.

第 2 章 经济趋势

1. C. R., "When Did Globalisation Start?" *Economist*, September 23, 2013.

2. Kimberly Amadeo, "Deregulation Pros, Cons, and Examples," thebalance.com, January 26, 2017.

3. Amadeo, "Deregulation Pros, Cons, and Examples."

4. Amadeo, "Deregulation Pros, Cons, and Examples."

5. "The Global Haves and Have-Nots in the 21st Century," ineteconomics.org, November 15, 2015.

6. "The Global Haves and Have-Nots in the 21st Century."

7. "The Global Haves and Have-Nots in the 21st Century."

8. Cheryl Russell, *The Master Trend: How the Baby Boom Generation is Remaking America* (New York: Plenum, 1993), 56–57.

9. "Leading with Customer-Focused Content: Driving Growth Through Personalized Experiences," *Forbes Insights*, January 2016, 2.

10. Lydia A. Cloughery Jones, "Leveraging Data in a Personalized Economy: From Insights to Income," linkedin.com, July 24, 2016.

11. Melanie Swan, "Personalized Economic Systems: Self-Determination and Economic Theory," ieet.org, August 20, 2015.

12. Daniel Dickson, "Swedish Central Bank Eyeing E-Currency," reuters.com, November 16, 2016.

13. Wendy McElroy, "Fedcoin: The U.S. Will Issue E-Currency That You Will Use," news.bitcoin.com, January 12, 2017.

14. Jeremy Gaunt, "Cashless Society Getting Closer, Survey Finds," reuters.com, April 26, 2017.

15. "Bitcoin: The History of Money and the Future of Digital Currency," nuskool.com, June 11, 2015.

16. Homi Kharas, "Global Middle-Class Growth Will Drive the World Economy," thehill.com, March 10, 2017.

17. Kharas, "Global Middle-Class Growth Will Drive the World Economy."

18. Homi Kharas, "How a Growing Global Middle Class Could Save the World's Economy," magazine-aws.pewtrusts.org, July 5, 2016.

19. Kharas, "How a Growing Global Middle Class Could Save the World's Economy."

20. Beth Novitsky, "Microbrands: Think Small," gensleron.com, November 18, 2015.

21. Novitsky, "Microbrands."
22. Kevin Gaughan and Dan Rottenberg, "Microbranding Leads to Big Success," retaillawadvisor.com, May 11, 2016.
23. Billee Howard, "The Rise of Microbrands and Why Bigger Isn't Better Anymore," brandthropologie.com.
24. Faisal Hoque, "How the Rising Gig Economy is Reshaping Businesses," fastcompany.com, September 22, 2015.
25. "Map: Entrepreneurship Around the World," blog.approvedindex.co.uk.
26. Hoque, "How the Rising Gig Economy is Reshaping Businesses."
27. Slava Solodkiy, "'Gig' Economy Is on the Rise," medium.com, February 20, 2017.
28. Solodkiy, "'Gig' Economy Is on the Rise."
29. Paul Morin, "How Not to Be a Victim of the Disintermediation Trend," companyfounder.com, June 8, 2107.
30. Morin, "How Not to Be a Victim."
31. Morin, "How Not to Be a Victim."
32. Rachel Croson, "The Future of Business is Disintermediated," linkedin.com, January 19, 2016.
33. Kate, "E-Commerce Sales in the US Made up Just 8% of Total Retail Sales in Q1 2016," letstalkpayments.com, June 28, 2016.
34. Kate, "E-Commerce Sales in the US."
35. "National Retail Federation Estimates 8%–12% US E-Commerce Growth in 2017," businessinsider.com, February 10, 2017.
36. Jason Trout, "5 Excellent Examples of Omnichannel Retailing Done Right," multichannelmerchant.com, February 2, 2017.
37. Saad Khan, "Future of E-Commerce: Five Trends to Watch Out For in 2017," entrepreneur.com, May 7, 2017.
38. Sophie Shimansky, "The Return of Analog," dw.com, April 11, 2017.
39. Shimansky, "The Return of Analog."
40. Suzanne Cords, "Young Artists Find Inspiration in Pre-Digital Age," dw.com, July 23, 2014.
41. David Sax, *The Revenge of Analog: Real Things and Why They Matter* (New York: Public Affairs, 2016).

第3章　战略趋势

1. "Geopolitical Instability," thefuturescentre.org, November 9, 2015.
2. "Geopolitical Instability."
3. Ian Bremmer, "The Top 5 Geopolitical Risks for 2016," time.com, January 7, 2016.
4. "Geostrategic Risks on the Rise," mckinsey.com, May 2016.
5. Pippa Norris, "It's Not Just Trump," washingtonpost.com, March 11, 2016.

6. National Intelligence Council, "Global Trends: Paradox of Progress," January 2017, 17–18.

7. Norris, "It's Not Just Trump."

8. Matt McFarland, "Trump's Populism is Only the Beginning," money.cnn.com, November 17, 2016.

9. Heather Hurlburt and Chayenne Polimedio, "Can Transpartisan Coalitions Overcome Polarization?" newamerica.org, May 16, 2016.

10. "The Party of the Future," policy-network.net.

11. Peter Drucker, *The Age of Discontinuity: Guidelines to Our Changing Society* (Oxford, UK: Butterworth-Heinemann, 1969).

12. W. P. S. Sidhu, "Global Trends: Discontinuities and Disruption—Risks and Challenges for the World," *Mint*, January 16, 2017.

13. Klaus Schwab, *The Global Risks Report 2017*, 12th ed. (Geneva: World Economic Forum, 2017), 4.

14. Steven Konkoly, *Rogue State* (Seattle: Thomas & Mercer, 2017).

15. "The Concept of a Rogue State Politics Essay," ukessays.com, March 23, 2015.

16. "A Working Definition of E-Government," ctg.albany.edu.

17. Sten Tamkivi, "Lessons from the World's Most Tech-Savvy Government," theatlantic.com, January 24, 2014.

18. "Working Definition of E-Government."

19. "Working Definition of E-Government."

20. Hana Francisco and Carly Olson, "E-Government and E-Politics in the United States," prezi.com, May 24, 2011.

21. Joshua Habursky and Mike Fulton, "The Future of Politics is Grassroots," thehill.com, March 12, 2017.

22. Habursky and Fulton, "The Future of Politics is Grassroots."

23. James Badcock, "How the New Digital Grassroots is Reshaping Politics," shapingthefuture.economist.com.

24. Chrystia Freeland, "The Disintegration of the World," theatlantic.com, May 2015.

25. Peter Turchin, *Ages of Discord: A Structural-Demographic Analysis of American History* (Storrs, CT: Beresta, 2016).

26. Charles W. Kegley and Shannon L. Blanton, *World Politics: Trend and Transformation, 2014–2015* (Boston: Cengage Learning, 2014), 210.

27. Freeland, "The Disintegration of the World."

28. Matthew Wood, "Why 'Anti-Politics' is Not a Myth," policy-network.net, October 28, 2014.

29. Peter Barnett, "What is Green Politics?" greenworld.org.uk, January 16, 2015.

30. Barnett, "What is Green Politics?"

31. Jedediah Purdy, "Green Politics Has to Get More Radical, Because Anything Less is Impractical," thedailybeast.com, April 26, 2014.

第 4 章　社会趋势

1. Mike Fromowitz, "Muticulturalism: The Unstoppable Global Trend," campaignasia.com, July 31, 2014.
2. "America's Tipping Point: Most of U.S. Now Multicultural, Says Group," nbcnews.com, August 22, 2014.
3. "The New Mainstream," ethnifacts.com.
4. "The New Mainstream."
5. "Special Report: The Family Structure of the Future," blog.euromonitor.com, July 5, 2013.
6. "Special Report: The Family Structure of the Future."
7. "Special Report: The Family Structure of the Future."
8. George Gao, "Americans' Ideal Family Size is Smaller Than It Used To Be," pewresearch.org, May 8, 2015.
9. "Urbanization on the Rise—Trends, Challenges, the Road Ahead," urbanhub.com.
10. "Urbanization on the Rise."
11. "Urbanization Trends in 2020: Mega Cities and Smart Cities Built on a Vision of Sustainability," frost.com.
12. "Urbanization Trends in 2020."
13. Molly Wood, "Co-living Startups: The Commune is Back, But for Profit," marketplace.com, June 2, 2016.
14. Jenny Southan, "Why Co-Living is Transforming the Way We Work and Travel," globetrendermagazine.com, January 8, 2017.
15. Lucy Ingham, "The Co-Living Revolution is Coming, and this is its Blueprint," factor-tech.com, April 28, 2016.
16. Southan, "Why Co-Living is Transforming the Way We Work and Travel."
17. Melia Robinson, "Millennials are Paying Thousands of Dollars a Month for Maid Service and Instant Friends in 'Hacker Houses,'" businessinsider.com, March 8, 2017.
18. Robinson, "Millennials are Paying Thousands."
19. Ingham, "Co-Living Revolution is Coming."
20. Peter G. Peterson, *Grey Dawn: How the Coming Age Wave Will Transform America—and the World* (New York: Crown, 1999), 5.
21. census.gov.
22. Val Srinivas and Urval Goradia, "The Future of Wealth in the United States," dupress.deloitte.com, November 9, 2015.
23. "Introducing Boomers: Marketing's Most Valuable Generation," nielsen.com, August 6, 2012.
24. Lawrence R. Samuel, *Boomers 3.0: Marketing to Baby Boomers in Their Third Act of Life* (Santa Barbara, CA: Praeger, 2017).
25. Samuel, *Boomers 3.0*.

26. Samuel, *Boomers 3.0*.
27. Nicole McGougan, "Survey Says! Boomers Dominate Charitable Giving," trust.guidestar.org, August 15, 2013.
28. Allison Pond, "Baby Boomers are About to Give $8 Trillion to Charity, but They Won't Just Write a Check," deseretnews.com, March 2, 2016.
29. Samuel, *Boomers 3.0*.
30. "'This is the Century of the Woman,' Deputy Secretary-General Says, Urging Conference to Strive towards Full, Equal Participation in Society," un.org, September 23, 2014.
31. Christopher Barnatt, "More Women in Authority," explainingthefuture.com, September 24, 2012.
32. "Intuit 2020 Report," October 2010, intuit.com.
33. "It's a She-conomy," sheconomy2020.com.
34. Dan Fennessy, "The Next Tech Trend: Real Human Connection," medium.com, March 19, 2017.
35. Fennessy, "Next Tech Trend."
36. Fennessy, "Next Tech Trend."
37. Shoshanna Delventhal, "Baby Boomer Philanthropy Shifts Wealth Adviser Focus," investopedia.com, October 7, 2015.
38. Jennifer Woods, "Doing Well While Doing Good: Socially Responsible Investing," cnbc.com, September 24, 2015.
39. Kevin Mahn, "The Changing Face of Socially Responsible Investing," forbes.com, April 26, 2016.
40. Scott Stanley, "Socially Responsible Investing: Aligning Investments and Values," linkedin.com, January 14, 2016.
41. Vikram Alexei Kansara, "How Global Brands Are Thinking Local," businessoffashion.com, July 4, 2016.
42. Kansara, "How Global Brands Are Thinking Local."

第5章 科学趋势

1. Matt Burgess, "Future of Space Exploration: Drones, Submarines and Self-Replicating Robots," factor-tech.com, February 10, 2015.
2. Burgess, "Future of Space Exploration."
3. George Whitesides, "Where Will Space Technology Take Us by 2030, and What Does This Mean for Life on Earth?" weforum.org, February 22, 2017.
4. Whitesides, "Where Will Space Technology Take Us by 2030?"
5. Cheyenne Macdonald, "Will an AI be the First to Find Alien Life? NASA Backs Plans for Smart Robotic Explorers That Could Scour the Universe," dailymail.co.uk, June 22, 2017.
6. Nikhil Krishnan, "Genomics 101: Understanding How the Genomics Revolution is Changing Medicine," cbinsights.com, November 10, 2016.
7. Krishnan, "Genomics 101."

8. Enakshi Singh, "A Look Ahead: Seven Trends Shaping Genomics in 2017 and Beyond," genengnews.com, December 29, 2016.

9. 23andme.com.

10. Lavinia Ionita, "Innovation in Genomics and the Future of Medtech," techcrunch.com, April 20, 2016, omixy.com.

11. "Climate Geoengineering—Experimenting with the Global Thermostat," boell.de, March 16, 2017.

12. "Climate Geoengineering."

13. Arthur Neslen, "US Scientists Launch World's Biggest Solar Geoengineering Study," theguardian.com, March 24, 2017.

14. Neslen, "US Scientists Launch World's Biggest Solar Geoengineering Study."

15. "What Does Longevity Mean for Future Generations?" focusingfuture.com.

16. "What Does Longevity Mean for Future Generations?"

17. Gregg Easterbrook, "What Happens When We All Live to 100?" theatlantic.com, October 2014.

18. nano.gov.

19. Niamh Louise Marriott, "Predictions for the Future: How Nanoscience Will Improve Our Health and Lives," drugtargetreview.com, October 27, 2016.

20. Marriott, "Predictions for the Future."

21. Alan Brown, "The Future of Nanoscience: Three Kavli Nanoscience Institute Directors Forecast the Field's Future," kavlifoundation.org, Winter 2014.

22. Evelyne Celerier, "The Past, Present and Future of Neuroscience Research," laboratoryequipment.com, January 6, 2017.

23. Gary Marcus, "A Map for the Future of Neuroscience," newyorker.com, September 17, 2013.

24. Marcus, "A Map for the Future of Neuroscience."

25. Marcus, "A Map for the Future of Neuroscience."

26. Kayt Sukel, "Big Data and the Brain: Peeking at the Future of Neuroscience," dana.org, November 30, 2015.

27. Earl Lane, "Neuroscience's Future Includes Medical Advances and Ethical Quandaries," aaas.org, November 25, 2014.

28. Bahar Gholipour, "'The Future of the Brain': A Time Capsule of Neuroscience," livescience.com, December 15, 2014.

29. REN21, "Renewables Global Futures Report: Great Debates Towards 100% Renewable Energy," 2017.

30. REN21, "Renewables Global Futures Report."

31. "Renewable Energy Can Provide 80 Percent of U.S. Electricity by 2050," ucsusa.org.

32. Leslie Kaufman, "How New York Is Building the Renewable Energy Grid of the Future," insideclimatenews.org, May 25, 2017.

33. "Sustainability Science," unesco.org.

34. Benjamin P. Warner, "Sustainability is a New Academic Discipline. But Is It Sustainable?" theconversation.com, September 21, 2015.

35. Warner, "Sustainability is a New Academic Discipline."
36. Warner, "Sustainability is a New Academic Discipline."
37. Kennedy School of Government, "About Us," hks.harvard.edu.
38. Jay Keasling, "Why Synthetic Biology is the Field of the Future," pbs.org, February 28, 2013.
39. Keasling, "Why Synthetic Biology is the Field of the Future."
40. gingkobioworks.com.
41. Michael Eisenstein, "Living Factories of the Future," nature.com, March 17, 2016.
42. Angela Chen, "How to Create a New Life Form: Historian Sophia Roosth on the Future of Synthetic Biology," theverge.com, April 4, 2017.
43. Zoltan Istvan, "Are You Ready for the Future of Transhumanism?" huffingtonpost.com, May 31, 2016.
44. Istvan, "Are You Ready for the Future of Transhumanism?"
45. Marcelo Gleiser, "The Transhuman Future: Be More Than You Can Be," npr.org, June 11, 2014.
46. Karla Lant, "The Future of the Human Brain: Smart Drugs and Nootropics," futurism.com, April 10, 2017.
47. Lant, "The Future of the Human Brain."

第 6 章　科技趋势

1. Elizabeth Kolbert, "Our Automated Future," newyorker.com, December 19 & 26, 2016.
2. Kolbert, "Our Automated Future."
3. Richard Gray, "How Automation Will Affect You—The Experts' View," bbc.com, May 23, 2017.
4. Gray, "How Automation Will Affect You."
5. Peter Miscovich, "The Future is Automated. Here's How We Can Prepare For It," weforum.org, January 12, 2017.
6. Larry Alton, "A Look at the Latest Trends in Biometric Tech," itproportal.com, May 16, 2017.
7. Alton, "A Look at the Latest Trends."
8. Alton, "A Look at the Latest Trends."
9. Danny Thakkar, "10 Biometric Technology Trends to Watch in 2017," bayometric.com, February 8, 2017.
10. "Connectivity and Convergence—Connected Living," ww2.frost.com.
11. investinbsr.com.
12. "Convergence to Define New Business Models in the Future, Says Frost & Sullivan," ww2.frost.com, March 2, 2015.
13. "Convergence to Define New Business Models."
14. Richard van Hooijdonk, "The 7 Technology Trends That Will Dominate the Future," richardvanhooijdonk.com, January 26, 2016.

15. van Hooijdonk, "7 Technology Trends."
16. "About the Cognitive Horizons Network," research.ibm.com.
17. "A Computer Called Watson," http://www-03.ibm.com.
18. Scott Corwin, Nick Jameson, Derek M. Pankratz, and Philipp Willigmann, "The Future of Mobility: What's Next?" dupress.deloitte.com, September 14, 2016.
19. Corwin, Jameson, Pankratz, and Willigmann, "The Future of Mobility."
20. Corwin, Jameson, Pankratz, and Willigmann, "The Future of Mobility."
21. Thomas H. Davenport, "A Predictive Analytics Primer," hbr.org, September 2, 2014.
22. "What is Predictive Analytics?" predictiveanalyticstoday.com.
23. "What is Predictive Analytics?"
24. "Predictive Analytics: What It is and Why It Matters," sas.com.
25. Grant Stanley, "Diapers, Beer, and Data Science in Retail," canworksmart.com, July 17, 2012.
26. *Quantum Leap*, en.wikipedia.org.
27. Amy Webb, "8 Tech Trends to Watch in 2016," hbr.org, December 8, 2015.
28. Jeremy O'Brien, "The Future is Quantum," ft.com, March 24, 2017.
29. O'Brien, "Future is Quantum."
30. Kelly Dickerson, "7 Awesome Ways Quantum Computers Will Change the World," businessinsider.com, April 21, 2015.
31. Dickerson, "7 Awesome Ways."
32. Jen Quinlan, "The Future of Wearable Tech," wired.com, February 2015.
33. Quinlan, "Future of Wearable Tech."
34. Quinlan, "Future of Wearable Tech."
35. Amy Forni, "The Present and Future of Wearables," gartner.com, December 16, 2016.
36. van Hooijdonk, "7 Technology Trends."
37. Nelson Kunkel and Steve Soechtig, "Mixed Reality: Experiences Get More Intuitive, Immersive, and Empowering," dupress.deloitte.com, January 7, 2017.
38. Kunkel and Soechtig, "Mixed Reality."
39. Kunkel and Soechtig, "Mixed Reality."
40. Howard Lear, "Technological Singularity: What's the Future of Artificial Intelligence?" clicksoftware.com, January 18, 2016.
41. Lear, "Technological Singularity."
42. Patrick Caughill, "Ray Kurzweil's Most Exciting Predictions about the Future of Humanity," futurism.com, June 5, 2017.
43. Drake Baer, "9 Crazy Things That Could Happen After the Singularity, When Robots Become Smarter Than Humans," businessinsider.com, December 18, 2015.